내 마지막 동행을 스캔한
영혼의 동반자

이어령

우리 문화 박물지

인문학과 미학을 넘나드는 이어령의 시선 63

우리 문화 박물지

이
어
령

우리 문화 박물지

1판 1쇄 발행　　2007년 7월 5일
1판 7쇄 발행　　2013년 10월 9일
개정 1판 1쇄 발행　2022년 3월 2일
개정 1판 2쇄 발행　2022년 3월 10일

지은이　　　　이어령
펴낸이　　　　이영혜
펴낸곳　　　　(주)디자인하우스

책임편집　　　　김선영
디자인　　　　　손익원
교정교열　　　　이진아
홍보마케팅　　　박화인
영업　　　　　　문상식, 소은주
제작　　　　　　정현석, 민나영
미술주간　　　　김홍숙
미디어사업부문장　김은령

출판등록　　　1977년 8월 19일 제2-208호
주소　　　　　서울시 중구 동호로 272
대표전화　　　02-2275-6151
영업부직통　　02-2263-6900
대표메일　　　dhbooks@design.co.kr
인스타그램　　instagram.com/dh_book
홈페이지　　　designhouse.co.kr

ⓒ 이어령
ISBN 978-89-7041-756-1 03100

* 책값은 뒤표지에 있습니다.
* 이 책 내용의 일부 또는 전부를 재사용하려면 반드시 디자인하우스의 동의를 얻어야 합니다.
* 잘못 만들어진 책은 구입하신 서점에서 교환해드립니다.

디자인하우스는 독자 여러분의 소중한 아이디어와 원고 투고를 기다리고 있습니다.
원고가 있으신 분은 dhbooks@design.co.kr로 기획 의도와 개요, 연락처 등을 보내주세요.

이 책은 디자이너들의 디자이너,
우리 문화의 DNA를 가장 앞서서 고민한 이어령의 탐색기이자 해독서입니다.
무엇보다 디자이너들과 각 분야 기획자들에게 주는
선물로 받고 싶습니다.

선생이 주목한 한국인 특유의 융통성은
과거로부터 이어져온 독특한 발상이면서
세계에 통할 미래와 맞닿아 있는 코리아 디자인의 기본 콘셉트이며,
앞으로 개발할 다양한 아이디어의 명징한 프로토타입입니다.

오래전 쓰신 책이지만
우리 문화가 앞으로 더 빛을 볼 것이라 믿어 의심치 않아
새로운 모습으로 다시 세상에 내어놓습니다.

(주)디자인하우스 대표 이 영 혜

들어가며

한국인의 마음을 그려낸 별자리

태초에 사람들은 하늘에 흩어져 있는 별들을 그냥 바라보지는 않았다. 북두칠성처럼 별과 별을 이어서 하나의 별자리를 만들어냈다. 그리고 그 모습 속에 견우직녀 설화와 같은 아름다운 이야기를 적어넣었다. 말하자면 별을 만들어낸 것은 하늘이지만 별자리를 만들어낸 것은 사람의 마음이다. 그렇기 때문에 하늘의 별들은 똑같지만 별자리와 그 전설의 이야기들은 민족과 나라에 따라 다 달라진다.

자기로부터 몇천 광년 떨어진 별빛을 가지고도 별자리를 그려낸 사람들이 어떻게 자기와 가장 가까운 물건들, 일상 속에서 자기와 함께 생활해온 물건들에 대해 무관심할 수 있었겠는가. 하루도 아닌 몇백 년 몇천 년의 역사를 함께해온 그 도구들에서 어떻게 실용적인 의미만을 따지겠는가.

밥 먹을 때 쓰는 젓가락, 옷 입을 때 매는 옷고름 자락 그리고 누워서 바라보는 대청마루의 서까래… 한국인들이 사용해온 물건들 하나하나에는 한국인의 마음을 그려낸 별자리가 있는 것이다. 한마디로 그것들은 서명되어 있지 않은 디자인이며 조각이며 책이다.

이 책은 바로 그 한국의 영상과 한국인의 생각의 별자리를 읽으려는 욕망 그리고 그 읽기의 새로운 실험에서 탄생하였다.

옛것을 다시 읽는 독서의 기쁨과 자유를 위하여, 문화의 암호문을 해독하는 지혜와 노력을 위하여, 그리고 사물의 시학을 통해서 한국인의 마음이나 그 영상의 차이를 찾으려는 사람들을 위하여 이 작은 책을 바친다.

이어령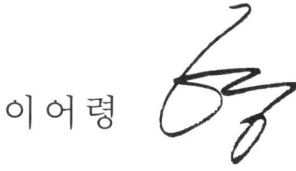

차례

들어가며 7

가위	엿장수 가위의 작은 기적	13
갓	머리의 언어	17
거문고	누워 있는 악기	21
고봉	무한한 마음을 담는 기법	25
골무	손가락의 투구	29
나전칠기	어둠 속에 빛을 상감하는 법	33
낫과 호미	자기로 향한 칼날	37
논길	팽창주의를 거부하는 선	41
다듬이	악기가 된 평화로운 곤봉	45
달걀꾸러미	포장 문화의 원형	49
담	일인칭 복수의 문화	53
담뱃대	노인들의 천국	57
돗자리	하늘을 나는 융단	61
뒤주	집안의 작은 신전	65
떡	마음의 지층	69
ㄹ	통합, 그리고 연속의 무늬	73
매듭	맺고 푸는 선의 드라마	77

맷돌	분쇄의 기술	81
무덤	죽음의 순서	85
문	문풍지 문화	89
물레방아	환상의 바퀴	93
미륵	50억 년의 미소	97
바구니	뽕도 따고 님도 보고	101
바지	치수 없는 옷	105
박	초가지붕 위의 마술사	109
버선	오이씨가 된 발	113
베갯모	우주와 사랑의 꿈	117
병풍	움직이는 벽	121
보자기	탈근대화의 발상	125
부채	계절을 초월한 아름다움	129
붓	정신의 흔적	133
사물놀이	우주와 사계절의 소리	137
상	억제와 해방의 미각	141
서까래	안과 바깥의 매개 공간	145

수저	짝의 사상	149
신발	문화의 출발점	153
씨름	긴장 속의 탈출구	157
연	빈 구멍의 비밀	161
엽전	우주를 담은 돈	165
윷놀이	우연의 놀이	169
이불과 방석	사람과 함께 있는 도구	173
장롱	심연의 밑바닥	177
장독대	가정의 제단	181
장승	수직과 짝을 염원하는 삶	185
정자	에콜로지의 건축학	189
종	여운을 만들어내는 정신	193
지게	균형과 조화의 운반체	197
창호지	나무의 가장 순수한 넋	201
처마	욕망의 건축학	205
초롱	밤의 빛	209
치마	감싸는 미학	213

칼	무딘 칼의 철학	217
키	이상한 돛을 지닌 배	221
탈	삶의 볼록거울	225
태권도	허공에 쓰는 붓글씨	229
태극	가장 잘 구르는 수레바퀴	233
팔만대장경	칼을 이긴 인쇄 문화	237
풍경	대기를 헤엄치는 물고기 소리	241
한글	기호론적 우주	245
한약	생명을 위안하는 상형문자	249
항아리	불의 자궁에서 꺼낸 육체	253
호랑이	웃음으로 바뀌는 폭력	257
화로	불들의 납골당	261

나오며	264
항목풀이	265
사진 출처 · 이 책을 만드는 데 도움 주신 분들	280

가위

엿장수 가위의 작은 기적

어느 집에 가도 가위는 있다.
그리고 동양이든 서양이든 옛날 무덤에서 가장 많이 나오는 유물 중 하나가 바로 그 가위다. 우리나라에서 출토된 가위는 삼국 시대 이전으로 거슬러 올라가는 역사를 지니고 있다.
그러나 가위의 이미지는 결코 긍정적인 것이 못 된다. 인간의 명줄을 자르는 죽음의 여신이 손에 들고 있는 것도 가위이고, 삼손의 머리칼을 자른 델릴라의 그것도 다름 아닌 가위였다. 가위는 지렛대의 원리를 이용하여 무엇을 자르기 위해 고안된 도구이기 때문에 자연히 악역 노릇을 해올 수밖에 없었다.
바늘, 실, 가위로 이루어지는 반짇고리의 세계에서도 가위는 이질적인 존재로 늘 소외되어왔다. 정다운 부부처럼 떼놓을 수 없는 인간관계를 "바늘 가는 데 실 간다"라고 표현한 속담이 있듯이 바늘과 실은 늘 붙어 다닌다.

가위와는 반대로 바늘과 실은 해진 것을 꿰매고 끊긴 것을 봉합한다. 더구나 실은 면면히 이어져가는 연속성을 상징한다. 그래서 돌잡이에서 돌상에 놓인 실타래를 집으면 부모는 아이가 장수할 것이라 믿고 좋아한다.

그에 비해서 가위는 이어져 있는 것을 자르고 함께 있는 것을 베어낸다. 분단, 단절 그리고 제거의 힘으로 작용한다.

특히 가위는 글을 쓰는 사람들에게는 공포의 대상이 된다. 왜냐하면 글이나 영화를 검열하는 것을 흔히 '가위질'이라고 말하고 있듯이 가위는 표현의 자유를 억압하는 상징이기 때문이다.

한편 서양에서는 남의 글을 훔치는 표절을 가위에 비유하고 있다. 남의 글을 가위질로 도려내어 자기 글에다 붙인다는 뜻이다.

그러니까 엉터리 문사는 펜이 아니라 가위로 글을 쓴다. 그래서 19세기 알렉상드르 뒤마가 연극을 상연했을 때 그의 라이벌들은 꽃다발 대신 커다란 가위를 선물했다고 한다(그 가위를 받아든 뒤마는 객석을 향해 "이 가위를 드릴 테니 어디 한번 이런 작품을 써보시지요"라고 역습해서 박수를 받았다고 전해진다). 생김새까지도 X 자를 닮아서 우리는 보통 틀린 것을 가위표라고 말한다.

그러나 이처럼 용도도 생김새도 다 같이 사랑받지 못한 가위의 이미지를 역전시켜 그 일탈의 시적 효과를 만들어낸 것이 바로 한국의 엿장수 가위다. 우선 그 생김새를 보면 끝이 무디고 날이 어긋나 아무것도 잘라낼 수 없게 되어 있다. 그야말로 가위에서 가위의 기능을 가위질해버린 것이 엿장수 가위다. 엿장수 가위는 자르는 것이 아니라 소리를 내는 음향효과에 그 기능을 두었기 때문이다.

절단 작용을 청각 작용으로 전환시킨 순간 가위는 악역에서 정겨운 주역으로 바뀌게 된다. 모양도 이미 X 표가 아니다. 검고 순박한 모양새의 무딘 쇳조각은 십자가와 마찬가지로 서로 다른 것을 결합하는 융합의 상징물로 보인다. 실제로 엿장수 가위 소리는 마을 아이들을 모이게 하는 마력을 지닌다. 바늘 가는 데 실 가는 것처럼 엿장수 가위 소리에는 아이들이 따라다닌다. 그래서 엿장수 아저씨의 가위 소리는 늘 현실을 넘어선 꿈결 속에서 들려온다. 그리고 그 가위는 무엇이 잘리는 공포, 프로이트가 말하는 거세 콤플렉스의 불안이 아니라 오히려 듬뿍 덤을 주는 훈훈한 인정을 느끼게 한다.

갓

머리의 언어

건축의 특성을 가장 잘 나타내는 것이 지붕이라면, 인간의 의상 가운데 가장 상징적인 의미를 갖고 있는 것은 모자일 것이다. 그것들은 다 같이 하늘과 맞닿아 있는 꼭대기에 위치해 있고, 햇볕과 비를 막는 기능을 갖고 있다. 그러므로 집의 모자가 곧 지붕이고 인체의 지붕이 바로 모자다.

어느 건축가는 그 나라의 지붕과 모자는 서로 닮은 데가 있다고 주장한 바 있다. 이슬람교도들의 터번은 과연 양파같이 돌돌 말려 올라간 모스크의 그 지붕과 닮았다. 나폴레옹 군대가 쓰던 군모를 보면 돌기둥이 떠받치고 있는 세모꼴의 지붕 모양을 연상하게 된다.

사실 우리나라의 삿갓을 보고 완만한 곡선을 그리고 있는 초가지붕을 연상하지 않을 사람이 어디 있겠는가. 그리고 양반들이 쓰고 다니던 갓과 삿갓의 차이를 기와지붕과 초가지붕의 대응으로 설명하려는 사람이 있을지도 모를 일이다.

그러나 조선조에 들어와서 한국인의 유교 문화를 상징하게 된 갓의 의미는 오히려 지붕과는 반대의 이미지를 보여준다. 실용적인 면에서 볼 때 갓은 이 지상에서 가장 모자답지 않은 모자에 속할 것이다. 말총으로 망을 떠서 만든 갓은 비나 햇볕 그리고 바람이나 추위를 막기에는 너무나 얇고 투명하다. 사실 갓의 멋은 썼지만 쓰지 않은 것처럼 머리가 환히 들여다보이도록 한 그 투과성에 있다고도 할 수 있다. 갓을 써도 상투와 망건의 실루엣이 얼비치고 그때마다 환상의 물결처럼 어른거리는 겹무늬의 효과가 그 멋을 더해준다.

그러나 갓이 순수한 장식성만을 위해 있는 것이라고 생각해서는 안 될 것이다. 갓에는 권위를 상징하는 왕관처럼 보석도 박혀 있지 않으며, 사교장의 귀부인들이 쓰고 있는 모자처럼 우아한 꽃 장식도 붙어 있지 않다. 의장대들이 쓰고 있는 모자처럼 꼬꼬마나 술 같은 것도 없다.

검은색 일변도인 그 갓은 극도로 형태와 색채를 절제하고 있다. 그렇다고 기병대의 투구나 의장병의 모자처럼 중압감을 주는 것도 아니다.

한국의 갓은 무엇보다 가볍고도 무거운 데 그 특성이 있다. 아마도 인류가 만든 모자 가운데 갓만큼 가장 가볍고 가장 엄숙하면서도 서로 조화를 이루는 것도 없을 것이다 갓이 표현하는 의미는 실용성도 심미적인 장식성도 아닌 일종의 점잖

음을 보여주는 도덕성이다. 갓 쓰고 망신당한다는 속담도 있듯이 그것은 쓴 사람의 인격이나 정신을 표현하는 언어, 하나의 기호다. 남자의, 선비의, 양반의 시니피앙 signifiant, 기표 으로서 사람 전체의 몸을 기호로 바꿔놓는 작용을 한다.

연암 박지원의 〈허생전〉은 갓이 없으면 잠시도 살아갈 수 없었던 유교의 형식주의를 비판한 소설이다. 그래서 제주도의 말총들을 모두 매점하는 이야기가 등장하고 있지만 그것은 갓에 대한 모욕이 아니라 오히려 갓의 기호 작용을 보다 생생하게 부각하고 있는 양념이다.

유교의 이념은 말총의 그 빳빳하고 곧은 질감, 그러면서도 강철과 달리 가볍고 부드러움을 간직하고 있는 재료 속에 나타나 있다. 그리고 비단처럼 섬세하면서도 물들일 수 없는 그 엄격한 검은 빛이 바로 유교 정신을 텍스트화한다.

갓, 그것은 한국인의 이념이 물질 그 자체로 응집되어 있는 '머리의 언어'다.

거문고

누워 있는 악기

모든 악기는 그 소리보다 그것을 연주할 때의 자세 속에 그 특성을 숨기고 있다. 아무리 아름답고 평화로운 음악을 창조하는 것이라 해도 서양 악기들은 대체로 공격적인 성격을 띠고 있다.

피아노는 벽처럼 연주자의 앞을 가로막고 있으며, 또 연주자는 그것을 향해 도전하듯이 건반을 두드린다. 대결의 자세인 것이다.

바이올린을 연주하는 모습도 마찬가지다. 그 몸짓만 관찰하고 있으면 마치 허공으로 도망치려는 한 마리 새를 붙잡아 턱으로 짓누르고 또 한 손으로 톱질을 하듯이 털을 뽑아내는 것 같은 인상을 준다.

서양 악기 가운데 가장 인간과 친숙하게 보이는 것은 기타다. 악기의 음색이나 기능부터가 그렇다. 그것은 독주 악기와 다른 반주 악기로서의 융합적 성격을 지니고 있고, 또 연주할 때에도 사람의 품에 안기는 포옹의 자세를 보여준다.

그러나 그것 역시도 한국의 거문고에 비하면 대결하는 공격성에서 완전히 벗어나 있지 않다. 기타가 포옹의 자세라 한다면 거문고는 눕혀주는 자세라 할 수 있기 때문이다.

거문고는 사람의 무릎 위에, 땅바닥 위에 눕혀질 때 비로소 연주를 할 수 있는 악기다. 거문고를 타고 있는 사람들을 보면 어느 한구석도 대결이나 공격의 몸짓 같은 것을 찾아볼 수가 없다. 무릎 위에 잠들어 있는 아이를 어루만지는 어머니의 모습과도 같고, 사랑의 격정이 다 끝나고 먼저 잠들어버린 사랑하는 이를 위해 이부자리를 고쳐주는 따뜻한 손길과도 같다. 때로는 누워 있는 환자의 이마를 짚어주는 것 같기도 하고, 때로는 흐르는 냇물 가에 앉아 때 묻은 것을 씻고 있는 것처럼 보이기도 한다. 거문고를 타고 있는 사람을 보고 있으면 무엇과 싸우고 있다는 생각보다는 무엇인가를 편안하게 잠재우고 있다는 인상을 준다.

서양 사람의 관점에서 본다면 죽은 예수의 시체를 무릎 위에 올려놓고 비통해하는 마리아, 그 피에타의 상을 연상케 할 것이다.

모든 악기는 소리를 낼 때 직립하거나 뻗쳐오른다. 중력에서 벗어나려는 몸부림과 같은 자세를 할 때 비로소 그 음은 열정적으로 고조된다. 사람들은 바이올린이 고음을 낼 때 현과 그 몸체가 불꽃처럼 하늘을 향해 솟아오르는 광경을 보았을 것이다. 팡파르를 울릴 때 하늘을 손가락질하듯이 일제히 솟아오르는 나팔들을 보았을 것이다.

모든 악기는 직립의 의지 속에서 소리를 내고 누워 있는 휴식의 자세로 소리를 끝낸다.

그러나 유독 거문고만이 예외다. 소리를 낼 때는 눕혀지고 오히려 연주가 다 끝나면 수직의 자세로 세워진다. 말하자면 거문고는 누워서 살고 일어나서 죽는 역설의 악기다.

인간은 어느 때 누워 있는가? 누워 있는 세계란 무엇인가? 싸우거나 일하거나 무엇인가를 욕망할 때 사람들은 누워 있기를 거부한다. 소리, 그것은 악기가 욕망을 갖는 순간, 눈뜨고 일어서는 그 자세 속에서 터져나온다.

그러나 눈을 감을 때, 깊이 생각하고 용서하고 그리고 영혼의 무게를 느낄 때 인간은 눕는다. 눕는다는 것, 그것은 침묵인 것이다. 누워서 소리 내는 악기 거문고는 바로 그 침묵 속에서 울려나오는 소리다.

고봉

무한한 마음을 담는 기법

고봉이란 말은 되나 말을 될 때 수북이 담는 것을 뜻한다. 원래 되와 말은 곡물의 양을 정확하게 계량하기 위해 만들어진 도구다.

말하자면 옷감의 길이를 재는 자나 쇠고기를 다는 저울과 같은 도량형기의 일종이다. 그러므로 되나 말로 되려면 당연히 거기에 담은 곡물을 정확하게 깎아 되어야만 할 것이다. 사실 일본 사람들은 되질, 마질을 할 때 언제나 그렇게 한다. 그것이 말을 되는 수평의 원리다.

그러나 한국인은 이상하게도 정확하게 되기 위해 만들어놓은 되나 말을 일부러 부정확하게 사용한다. 속일 때 속이더라도 한국인이 되질을 하는 것을 보면 고봉으로 담아서 몇 번이나 흘러내리고 또 흘러내리도록 수북이 담는다. 풍성하게 넘쳐나지 않으면 야박하다고 생각하기 때문이다.

밥을 떠도 더 이상 그릇에 담을 수 없을 정도로 수북이 고봉으로 푼다. 특히 생일날 밥그릇이 그렇다. 형태 없는 물을 떠도 고봉으로 담듯이 철철 넘쳐날 때까지 채워야 비로소 안심을 하는 민족이다.

피라미드처럼 정상을 향해 솟아 있는 원추형의 고봉, 그 시각적 형태의 아름다움은 단순히 대칭적인 외형적 균제에만 있는 것이 아니다. 그 형태는 여분의 것, 더 이상 쌓아 올릴 수 없는 양의 한계를 나타낸다. 말하자면 무한의 마음을 시각적으로 표현한 것이 바로 고봉의 형태인 것이다.

그릇은 제각기 용량을 갖고 있다. 그러므로 그릇은 이미 그 자체가 한계를 나타내는 저울이요 자인 셈이다. 한국인의 정은 이 틀을 부수고 그 한계를 돌파하는 데서 표현된다. 주어진 그릇의 형태보다 언제나 더 넉넉하고 풍성한 마음이 있음을 나타내려 한다.

자로 재고 저울로 다는 세계, 그것은 정이 아니라 엄격하게 계산된 인간관계를 나타낸다. 그러므로 저울질은 상인 정신을 키우는 요람이요, 치수는 그 출발의 걸음마라고 할 수 있다.

그러나 달고 재고 하는 이런 상거래의 인간관계와는 정반대로 고봉 문화는, 정을 주고받는 인간관계를 나타낸다. 아무리 사고파는 메마른 시장 원리라고 해도 고봉으로 되를 되고 말을 되는 한국인들은 '정의 원리'로 장사를 한다.

그렇기 때문에 시장이 근대화가 된 오늘날에도 고봉 문화의 흔적이 남아있는 것을 볼 수 있다. 막대기로 말을 될 때 차마 다 밀지 못하고 끝에 가서 조금 여분을 남긴다. 마음을 담는 고봉의 기법은 이 야박한 시장에서도 몰래 숨 쉬고 있는 것이다.

 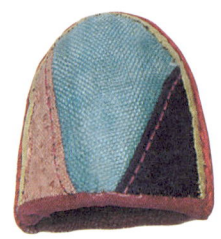 
  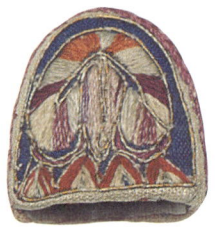

골무

손가락의 투구

인간이 강철로 만든 것 가운데 가장 상징적인 대립을 이루는 것이 있다면 그것은 칼과 바늘일 것이다. 칼은 남성들의 것이고 바늘은 여성들의 것이다. 칼은 자르고 토막 내는 것이고 바늘은 꿰매어 결합시키는 것이다. 칼은 생명을 죽이기 위해 있고 바늘은 생명을 감싸기 위해 있다.

칼은 투쟁과 정복을 위해 싸움터인 벌판으로 나간다. 그러나 바늘은 낡은 것을 깁고 새 옷을 마련하기 위해서 깊숙한 규방의 내부로 들어온다. 칼은 밖으로 나가라고 명령을 하고 바늘은 안으로 들어오라고 호소한다.

이러한 대립항의 궁극에는 칼의 문화에서 생겨난 남성의 투구와 바늘의 문화에서 생겨난 여성의 골무가 뚜렷하게 대치한다. 투구는 칼을 막기 위해서 머리에 쓰는 것이고 골무는 바늘을 막기 위해서 손가락에 쓴다. 남자가 전쟁터에 나가려면 투구를 써야 하는 것처럼 여자가 바느질하려고 일감을 손에 쥘 때는 골무를 껴야 한다.

골무는 가볍고 작은 투구다. 그것은 실오라기와 쓰다 남은 천조각과 그리고 짝이 맞지 않은 단추들처럼 일상의 생활을 누빈다.

골무 속에 묻힌 손가락 끝 손톱이 가리키는 그 작고 섬세한 세계, 그것을 지키기 위해 여자의 마음속에 입힌 무장이다. 남성의 오만한 명예욕도, 권력의 야망도 없는 조용한 세계, 골무가 지배하는 것은 넓은 영토의 왕국이 아니라 반짇고리와 같은 작은 상자 안의 평화다.

반달 같은 골무를 보면 무수한 밤들이 다가선다. 잠든 아이들의 숨소리를 들으며 민첩하게 손을 놀리던 우리 어머니 그리고 우리 누님들의 손가락 끝 바늘에서 수 놓이는 꽃 이파리들, 그것은 골무가 만들어낸 마법의 햇살이다.

모든 것을 해지게 하고 넝마처럼 못 쓰게 만들어버리는 시간과 싸우기 위해서, 그리움의 시간, 슬픔의 시간 그리고 기다림의 온갖 시간을 이기기 위해서 손가락에 쓴 여인의 투구 위에서는 작은 꽃들이 피어나기도 하고 색실의 무늬들이 아롱지기도 한다.

나전칠기

어둠 속에 빛을 상감하는 법

모든 조각은 겉으로 형태를 드러내는 데서부터 시작된다. 부조浮彫가 아름다운 것은 바로 지면으로부터 조형물이 겉으로 배어 나오는 그 과정을 보여주기 때문이다. 부조는 그런 의미에서 조각의 새벽이라고 할 수 있다. 조각처럼 대낮의 광선을 필요로 하는 것이 또 어디에 있겠는가.

그러나 모든 보석은 조각과는 다른 방식으로 존재한다. 보석들은 거꾸로 숨으려 한다. 안에서 밖으로 그 조형성을 드러내는 것이 아니라 밖에서 안으로 박히는 것이 보석의 운동이다. 귀한 보석일수록 땅속 깊이 박혀 있으며, 그것을 지상으로 캐내어 가공한다 하더라도 어느 물질 속엔가 깊이 박혀 있도록 디자인한다.

보석은 파고 들어가 자신을 숨기려 할 때 가장 보석답다. 보석상자는 동굴이나 비밀지도의 암호 속에 꼭꼭 숨겨져 있을 때 가장 보석다운 법이다. 왕관 위의 루비라 하더라도, 반지 위의 사파이어라 하더라도 황금의 살결 속에 꼭 박혀 있지 않으면 안 된다.

보석이 반짝일 때마다 우리는 어둠을 드리우는 작은 동굴의 흔적을 발견하게 된다.

나전의 아름다움은 결코 그 번쩍거리는 소라 껍데기에서 얻어낸 광채 때문이 아니다. 상감한다는 것, 어디엔가로 깊이 파고 들어가는 보석의 속성을 지니고 있기 때문에 아름다운 것이다.

아무리 작은 보석이라 해도 황금을 압도한다. 왜냐하면 황금은 단지 보석이 파고 들어가는 흙의 구실밖에 하지 않기 때문이다. 옻칠은 자개에 있어서 바로 황금의 지면과 같은 구실을 한다. 자개가 숨고 또 박히게 될 자리를 마련하기 위해서는 바다의 진흙 바닥과 같은 깊이를 지닌 갯벌이 필요한 것이다. 자개의 재료가 되는 소라 자체가 그렇다. 소라는 얕은 바다 밑에 박히거나 숨는다는 점에서 보석의 속성을 닮은 생물이다. 소라는 어떤 것이든 다 보석과 가장 가까운 성격을 지니고 있는 것이다. 자개장롱은 표면에만 빛이 있는 유리와는 구별된다.

제아무리 나전칠기라도 대낮의 거리에 내놓은 이삿짐이 되었을 때에는 그 빛을 잃고 초라해진다. 상감된 자개의 빛은 어둠 속에 묻혀 있기를 소원한다. 그래서 어둑어둑한 방 안에 나전칠기가 자리할 때 비로소 그 진가가 나타난다.

어둠 속의 빛.

이것이 한국인의 손으로 빚어진 진주요 다이아몬드다. 자개가 검은 옻칠 속에서 빛을 얻듯이 근본적으로 나전의 칠공예는 빛과 어둠을 동시에 새기는 기법이다. 서양 사람들은 조개를 먹고 버린다. 그러나 우리는 그 폐기물로 어둠 속에 빛을 상감하는 기술을 만들었다.

낫과 호미

자기로 향한 칼날

문맹자를 보고 "낫 놓고 기역 자도 모른다"라고 한다. 낫 모양이 한글의 첫 글자인 ㄱ 자처럼 생겼기 때문에 그런 속담이 생겨난 것이다.

낫이 날카로운 칼날을 지니고 있지만 사람을 공격하는 무기가 될 수 없는 것은 그 모양이 ㄱ 자처럼 그렇게 구부러져 있기 때문이다.

낫을 잘못 휘두르다가는 상대방이 아니라 오히려 자신의 손가락이나 발을 베기가 쉽다. 생김새만 안으로 구부러진 것이 아니라 그 칼날 역시 안쪽으로 나 있어서 남을 공격하기에는 적당치 않다고 한다. 이에 비하여 유목적인 전통을 지니고 있는 서구 사회의 농기구는 날이 밖으로 서 있는 것이 많고 생김새도 창처럼 꼿꼿하게 생긴 것이 많다. 그 대표적인 예가 스페이드(쟁기)다.

그러므로 서구의 농기구들은 금세 무기로 바뀔 수 있는 공격 형태를 하고 있다. 서양의 낫은 죽음의 신이 들고 다니는 상징물이자 사람의 목을 베는 흉기로서의 이미지를 띠고 있다. 옛 소련의 국기에 새겨진 낫과 망치는 다 같이 생활도구이면서 동시에 민중들의 혁명 수단인 무기로서의 공격성을 나타낸다. 하지만 한국의 농기구는 무기로서의 기능을 철저히 배제하는 데서부터 출발한다. 칼이나 창의 끝을 구부리고 밖으로 선 날을 안으로 세울 때 비로소 농부의 연장이 생겨나기 때문이다.

서양 사람들은 도구를 사용할 때 보통 칼을 쓰듯이 안에서 밖으로 내미는데 한국인들은 거꾸로 밖에서 안으로 잡아당긴다. 톱질을 할 때도 그렇고 낫질을 할 때도 그렇다. 괭이, 고무래 그리고 특히 호미가 그렇다.

고려 때의 노래 〈사모곡〉에서 호미는 낫의 대립물로 그려져 있지만 이런 관점에서 보면 그것들의 차이는 오십보백보에 지나지 않는다. 오히려 낫의 특징을 좀 더 강조하면 호미가 된다는 사실을 알게 될 것이다.

낫을 안으로 더 구부리고 그 날 끝을 좀 더 무디게 하면 곧 호미 모양이 된다.

자기 가슴으로 향해 있는 칼날, 그것이 바로 낫의 특성을 강조한 호미다. 그래서 호미질을 세게 하면 자신의 발을 찍게 된다. 호미는 풀을 베는 낫처럼 파괴적인 일만 하는 것이 아니라 흙을 돋우는 일을 한다. 뽑는 작업이든 돋우는 일이든 호미는 뿌리의 근원을 향해 존재하는 날이다. 안으로 구부러져 있는 호미의 형태는 지평선으로 확산해가는 힘이 아니라 안으로, 뿌리로, 자기 자신으로 끝없이 응집해 들어오는 힘이다.

낫은 호미의 반대어가 아니다. 살생의 모든 무기가 곡식의 생명을 가꾸는 도구로 변신하는 과정을 보여주는 강철의 누에고치다.

한국의 농민 중에는 낫 놓고 기역 자도 모르는 사람이 많았다. 그러나 그 낫이 아무리 파랗게 날이 서 있어도 남을 해치기보다는 자신에게 더 위험한 물건임을 모르는 사람은 없었다. 낫이나 호미의 아름다움은 밖으로 내밀어도 그 경고의 칼날이 언제나 자기를 향해 있다는 점일 것이다.

논길

팽창주의를 거부하는 선

《25시》의 작가 콘스탄틴 게오르규가 한국을 방문했을 때 시골 풍경을 바라보면서 이렇게 말했다. "한 폭의 서예 족자를 보는 것 같습니다." 대개의 외국인들은 "한 폭의 동양화를 보는 것 같습니다"라고 말한다. 그런데 게오르규가 서예에 비유한 것은 그가 산이나 나무가 아니라 논밭을 보았기 때문이다. 이제는 농지 구획으로 모든 논두렁들이 직선으로 변해버렸지만 옛날의 논길들은 유연한 곡선을 그리며 정말 도연명의 〈귀거래사歸去來辭〉라도 써놓은 붓글씨 같은 풍경을 하고 있었다. 그것이 바로 한국 농촌의 이미지를 적은 상형문자였으며 그 생활을 노래 부른 노랫가락의 여운이었다.

세계지도를 펴놓고 보자. 나라와 나라 사이의 국경선만 하더라도 한국의 논두렁길처럼 예측할 수 없는 우연한 곡선으로 나누어져 있다. 아무리 인간의 역사 속에서 인위적으로 빚어진 경계라 할지라도 강이나 산맥과 같은 자연의 경계선을 따라 만들어진 것이기 때문이다.

미국 지도는 어떤가. 미국과 캐나다의 접경은 자로 대고 그은 것처럼 일직선으로 그어져 있다. 이 직선의 기하학적인 국경 안에서 만들어진 것이 바로 미국 문화로 상징되는 근대의 산업주의다.

그렇다면 꼬불꼬불한 논두렁 안에서 만들어진 문화란 대체 어떤 것일까. 벼농사는 호밀 농사처럼 기계화하기가 어렵다. 비행기가 씨와 비료를 뿌리고 트랙터가 밭을 갈고 거두는 기계 영농을 완강하게 거부하는 것이 벼농사다. 모판을 만들어 키우다가 모내기를 하고 때때로 김을 매어 잡초가 자라지 않도록 돌보아주지 않으면 안 된다. 그리고 물꼬를 텄다 막았다 하면서 수량水量을 조절해주지 않으면 안 된다.

서양 사람들의 눈으로 보면 이것은 농사라기보다 원예에 가까운 것이다. 한국의 농사꾼들은 농사를 짓는다고 하기보다 모두가 정원의 꽃을 가꾸는 원예사들인 셈이다.

서양 사람들은 두 배의 수확을 위해서는 농토를 배로 늘리는 확장책을 썼다. 그 농사 기술에서 생겨난 것이 개간법이고 그 개간법을 이념화한 것이 경작하다의 뜻을 지닌 문화culture라는 말이다. 한때 유럽의 제국을 일으킨 팽창정책과 식민주의 그리고 이른바 미국의 개척 정신이란 것이 그것이다.

하지만 벼농사를 짓는 한국인들은 두 배의 수확을 위해서는 두 배로 정성을 쏟아야 한다는 것을 배워왔다. 한 번 맬 것을 두 번 매고 두 번 뽑을 피를 세 번 뽑으면 그만큼 수확을 더 거둘 수 있다고 생각한 것이다.

벼는 까다로운 작물로 사람의 정성이 가지 않으면 자라지를 않는다. 서예가가 한 글자 한 글자 혼신의 힘을 들여 정성스럽게 써가는 것처럼 그런 열정이 없으면 논이 아무리 넓어도 수확을 많이 거둘 수가 없다. 논길의 아름다움은 팽창주의나 기능주의와는 다른 생명적인 곡선이 펼쳐 보이는 정성 문화의 국경인 셈이다.

다듬이

악기가 된 평화로운 곤봉

어떤 사람은 칼로 사과를 깎아 먹는가 하면 또 어떤 사람은 칼로 사람을 찔러 죽이기도 한다. 인간의 마음이나 그 사용 방법에 의해서 도구의 마지막 의미가 결정된다. 활과 하프는 같은 뿌리에서 생겨났지만 하나는 살육의 피를 흐르게 하고 또 하나는 생명의 아름다운 선율을 흐르게 한다. 도구를 다루는 한국인의 마음과 그 사용 방법은 어떤 것일까. 방망이를 보면 물음에 답할 수 있을 것이다.

인간이 만든 최초의 도구는 곤봉이라고들 한다. 그것은 인간의 주먹을 연장하고 확대해놓은 것이다. 사람은 어떤 때 주먹을 쥐는가. 사랑할 때인가, 밭을 매고 사람과 인사하고 그늘에 앉아 땀을 식힐 때인가.

아니다. 사랑하고 쉴 때는 손을 편다. 인간은 무엇인가 부수고 치고 때릴 때에만 주먹을 쥔다. 그래서 적 앞에 서면 우리의 갸름한 팔은 곤봉의 손잡이가 되고 주먹은 불룩하고 뭉툭한 곤봉의 머리가 된다.

인간이 맨 처음 만든 도구의 원형이 이렇게 주먹이었다는 점에서 우리는 오늘날 우리가 쓰고 있는 온갖 도구와 문명이라는 말 속에 감춰진 폭력과 전쟁의 음산한 반사 신경을 읽을 수가 있다.

그러나 한국인의 곤봉은 빨랫방망이나 다듬잇방망이로 변형되어갔다. 남성들의 공격적인 곤봉이 한국 여인들의 손에 들려지면 맑은 시냇가 빨래터의 방망이질 소리나 한밤중의 규방에서 들려오는 다듬이 소리로 바뀌는 것이다.

때 묻은 옷을 빨고 다듬는 그 재생산의 노동은 방망이로 시작하여 방망이로 끝난다. 한국인들에게 방망이 소리는 비명이나 함성이나 포효하는 싸움의 소리가 아니라 밤의 아늑한 공간에서 들려오는 어머니의 소리, 누님의 소리, 아늑한 평화의 소리로 들린다.

때릴수록 아름다워진다. 반질반질한 다듬잇돌이 단단한 박달나무나 참나무로 깎은 방망이와 부딪치면 맑고 투명한 소리가 난다. 타악기처럼 여인들은 다듬잇돌을 마주하여 장단을 맞추고 때로는 그 박자를 변주하면서 옷감을 두드린다. 구겨진 주름을 펴고 거친 결을 유리 쪽처럼 매끄럽게 하는 그 다듬이질은 서로 대립하는 것을 중화시키고 화합시키는 힘에서 비롯되는 일종의 연금술이다.

물과 불은 영원히 상극하지만 그 사이에 냄비를 매달면 맛있는 요리가 만들어지듯이 나무와 무기질인 돌의 부딪침 사이에 옷감이 끼면 아름다운 율동과 윤택이 생겨난다.
다듬잇방망이, 다듬잇돌 그리고 그 사이의 천, 이렇게 이질적인 세 가지 빛이 하나의 음향으로 통일된다. 이때 다듬잇방망이는 곤봉이 아니다. 옛날 칼을 모아 보습을 만들고 포탄의 탄피를 주워다 교회나 학교의 종을 만들었던 그 슬기의 원류인 것이다.

달걀꾸러미

포장 문화의 원형

달걀은 깨지기 쉽다. 그 껍질은 태어나는 작은 병아리 소리에 무너지는 가장 민감한 생명의 벽이다.

달걀은 구르기 쉽다. 둥근 모양을 하고 있어서 신의 능력으로도 세울 수가 없다. '콜럼버스의 달걀'이라는 유명한 일화가 생겨난 것도 그 때문이다.

달걀은 또 썩기 쉽다. 자칫 부패하여 먹을 수 없는 곤달걀이 되고 만다.

이렇게 깨지기 쉽고 구르기 쉽고 썩기 쉬운 특성 때문에 달걀은 무엇으로 싸두지 않으면 안 된다. 인류가 맨 처음 물건을 싸는 포장 문화에 눈뜨게 된 것도 바로 그 달걀 때문이었을 것이다.

한국인들은 짚으로 달걀꾸러미를 만들었다. 충격과 습기를 막아주는 그 부드러운 재료 자체가 이미 새의 둥지와 같은 구실을 한다. 그렇다. 짚으로 만든 달걀꾸러미는 가장 포근하고 안전한 달걀의 집, 제2의 둥지다.

그러나 한국의 달걀꾸러미가 보여주고 있는 놀라움은 결코 재료의 응용에만 있는 것이 아니다. 그 점이라면 일본의 달걀꾸러미도 마찬가지다. 문제는 같은 짚을 사용하고 있으면서도 달걀을 완전히 다 싸버린 일본 사람들과는 달리 한국인들은 그것을 반만 싸고 반은 그대로 두어 밖으로 드러나게 했다는 데 있다.

왜 반만 쌌는가. 기능만을 생각했다면 일본 사람들처럼 다 싸는 것이 안전하다고 믿었을 것이 아닌가. 그러나 물리적인 기능만을 생각하여 그것을 짚으로 다 싸버린다면 달걀의 형태와 구조는 완전히 가려져 그 의미를 상실하게 될 것이다. 포장한 짚만 보이고 그 알맹이는 보이지 않게 될 것이므로 사람들은 그것이 얼마나 깨지기 쉬운 물건이라는 것을 모르게 될 것이다. 즉 달걀의 정보성, 언어성은 사라지고 만다.

그렇게 되면 달걀꾸러미는 물리적인 일의적 의미밖에 지닐 수 없게 되어 기능이 형태와 구조를 가리게 된다. 근대 산업주의 문화와 마찬가지로 기능적 합리주의의 소산이 되고 마는 것이다. 그리고 보면 한국인이 달걀을 반만 쌌다는 것은 물리적인 기능만 생각한 것이 아니라 정보성을 중시했다는 증거다. 달걀꾸러미를 들고 다니는 사람들은 그것이 깨지기 쉬운 달걀임을 감각으로 느낄 수 있어 조심하게 될 것이다. 또 그것이 상품으로 전시되었을 때 그 신선도나 크기의 정보를 소비자에게 알려줄 수도 있다. 정보만이 아니라 형태와 구조를 나타내 보임으로써 달걀꾸러미는 시각적인 디자인의 미학을 제공한다. 포장된 것을 가리면서 동시에 표현하는 모순, 그 양의성 속에서 모든 포장 문화는 자신의 존재 이유를 발휘한다. 짚과 달걀은 색채에 있어서나 유기질과 무기질의 촉감에 있어서나 거의 추상조각과 같다. 완벽한 대조와 조화의 아름다움을 자아낸다.

한국인이 만들어낸 달걀꾸러미는 '기술적 합리주의가 낳은 단순화와 협소화에서의 해방'을 시도하는 포스트모더니즘의 꿈을 내재하고 있는 것이다. 왜냐하면 반만 포장된 달걀꾸러미야말로 기능성을 소통성으로 바꾸어가는 탈산업화 시대의 정신과 통해 있기 때문이다. 한국의 달걀꾸러미는 형태와 구조를 노출시킨 아름다움, 깨지지 않게 내용물을 보호하는 합리적인 기능성 그리고 포장 내용을 남에게 알려주는 정보성의 세 가지 특성을 동시적으로 만족시켜 주고 있는, 포장 문화의 가장 이상적인 모형이라고 할 수 있다.

담

일인칭 복수의 문화

한국의 돌담은 벽돌담이 갖고 있지 않은 특성이 있다. 똑같은 규격의 벽돌과 달리 돌담의 돌들은 하나하나가 그 모양이나 크기 그리고 색깔까지도 모두 다르다. 제각기 다른 돌들이기 때문에 오히려 서로 모여 하나의 울타리를 만들 수가 있다.

제주도 돌담이 태풍이 몰아쳐도 끄떡하지 않는 이유는 제각기 다른 돌들이 충격을 각각 여러 방향으로 흩어놓았기 때문이라고 한다.

모양이 다른 돌로 다양하게 쌓은 돌담이 획일적인 벽돌담보다 튼튼하듯이 한국인의 집단적인 힘도 그와 비슷한 데가 있다. 일본인의 조직을 그들의 말대로 '하나의 큰 바위 一枚岩' 같은 벽돌담에 비유할 수 있다면 한국인의 단결력은 하나하나가 제 형태를 갖고 그것이 균형을 이룬 제주도의 돌담 같은 것이라 할 수 있다.

한국의 농촌을 돌아다보면 다 쓰러져가는 움막집에도 반드시 담이 둘러쳐져 있는 것을 볼 수 있다. 아무리 보아도 도둑을 막는 담장으로는 생각되지 않는다. 첫째 무엇인가를 훔쳐가기에는 집이 너무나 가난해 보이고, 둘째 도둑을 막기에는 담장이 너무 허술하게 생겼기 때문이다. 또 시골 담장에는 으레 개구멍이라는 것이 있어서 마음만 먹으면 누구나 뛰어넘지 않더라도 쉽사리 들락거릴 수가 있다.

담장은 있어도 막상 대문이나 문을 잠그는 자물쇠 같은 것은 거의 찾아볼 수 없는 집들이 많다. 돌담은 있어도 문은 없는 것이 제주도의 특징이라고 하지만 한국의 담은 모두가 본질적으로 그와 비슷한 데가 있다.

한국인의 돌담은 단지 안과 바깥을 나누는 상징적 의미 공간을 보여주는 역할만 한다. 아무리 가난하고 천해도 한국인들은 한집안 식구가 성을 쌓고 지내는 것 같은 정신적인 자기 영토를 갖고 살아온 셈이다. 그러므로 일본인같이 한 지붕 밑의 울타리 없는 나가야長屋(몇 개의 소규모 주택이 나란히 연결되어 있는 서민의 주택 형식)에서 살기에는 부적합한 사람들이다.

일본인들은 제도적으로 성주의 허락 없이는 집에 울타리를 마음대로 쌓지 못했다. 그러나 한국인들은 절대군주 시대의 억압 속에서도 담을 치고 사는 권리를 누림으로써 제각기 자기만의 영지를 만들 수 있었다. 그러기 때문에 아무리 허술

한 시골 돌담이나 흙담 그리고 불면 날아갈 것 같은 싸리담 같은 것이라 해도 의미론적인 해석으로는 영주의 성벽과 다를 게 없다.

그 담 그 울타리가, 한 사람 한 사람이 살아 있는 한국인의 독특한 '우리'라는 집단을 만들어내기도 한다.

'울타리'란 말 자체가 일인칭 복수인 '우리'와 같은 뿌리의 말이라고도 볼 수 있다. 그래서 한국인은 "나의 아내"라고 할 때에도 "우리 아내"라고 말하고, 서양 사람들이 "내 집", "내 나라"라고 할 때에 한국인은 "우리 집", "우리나라"라고 한다. 따로 그러나 함께 있는 화이부동 和而不同의 힘을 알기 위해서는 한국의 돌담을 보라고 권하고 싶다.

노인들의 천국

담뱃대

한국의 장죽은 세계에서 가장 긴 담뱃대일 것이다. 문자 그대로 긴長 대나무竹다. 서양의 파이프와는 정반대로 담배를 담는 대통은 작고 설대가 길다. 그러므로 우리는 담뱃대 하나에서도 동서양의 문화를 측량하고 비교할 수 있는 숨겨진 눈금을 찾을 수 있다.

한국의 장죽이 그렇게 길어진 것은 두말할 것도 없이 우리가 대나무 문화권에서 살아왔다는 증거다. 대나무는 유교의 이념을 상징하는 사군자와 세한삼우歲寒三友의 하나다. 곧고 굳음이 선비의 강직함 그대로다. 그 마디는 절개를 나타내고 속이 비어 있는 것은 겸허를 뜻한다.

고산 윤선도의 말대로 나무도 풀도 아닌 대나무는 초목의 양극을 피해 그 중용의 자리에 뿌리를 내린다. 그래서 옛 시인들은 고깃국은 걸러도 대나무를 보지 않고서는 한시도 살 수 없다고 말했다.

담뱃대는 대를 재료로 해서 만든 것이라고 하기보다 대를 그대로 잘라 다듬은 것으로 피리나 대지팡이보다 훨씬 그 원형의 아름다움을 잘 간직하고 있다.

가늘고 긴 댓줄기 그리고 속에 구멍이 뚫린 것 그대로에 대통과 물부리를 붙여놓는 것만으로 대는 담뱃대로 바뀐다. 재료에 인위적으로 구멍을 뚫거나 그것을 구부려 형태를 만든 파이프와는 그 발상이 다르다.

장죽을 물고 담배를 피울 때 그들이 듣는 것은 대밭을 지나는 바람 소리이고, 파란 연기 속에 피어오르는 것은 죽림의 안개일 것이다.

두 번째로 한국의 장죽이 긴 것은 그것이 노인지향적 문화의 산물이라는 점이다. 장죽은 설대가 3척 가까이 되기 때문에 서서 돌아다니며 피울 때는 불편하기 짝이 없지만 노인처럼 방 안에 가만히 누워서 피울 때는 더없이 이상적이다.

흔히 마도로스파이프라고 부르는 서양의 담뱃대가 거친 대양을 누비며 모험의 항해를 하는 젊은이들의 것이라면, 장죽은 온돌방에 누워 한시를 읊조리고 있는 노인들의 것이다. 가만히 누워 있어도 긴 담뱃대를 뻗치기만 하면 멀리 있는 재떨이나 돋보기를 끌어올 수가 있다. 하인들을 부릴 때에는 지휘봉으로 쓰기도 하고 버릇없는 젊은이들에게는 노인의 권위를 지키는 왕홀王笏 같은 것으로, 한번 휘두르는 것으로 그 위력을 발휘할 수 있다.

그리고 셋째는 설대가 길어야 연기가 식어 맛이 좋다고 생각한 담배 맛 그 자체를 위한 장치라는 점이다. 담배의 니코틴이 발암성을 지니고 있다는 근대 의학의 지식이 있기 전부터 한국인들은 장죽의 긴 설대를 통해서 니코틴을 제거했던 것이다.

설대를 '연도煙道'라고 하듯이 담뱃대는 연기가 지나가는 길이다. 말하자면 장죽의 길이는 인체의 기도를 길게 연장한 것이다. 그럼으로써 연기의 순환을 더 부드럽고 무해한 것으로 만든다.

장죽을 보면 대나무밭을 지나는 바람 소리 같은 은은한 기침침 소리가 들려오고, 연기처럼 나부끼는 하얀 수염이 보인다.

돗자리

하늘을 나는 융단

《아라비안나이트》에는 하늘을 날아다니는 마법의 융단이 나온다. 본래 융단이라는 것은 이동해 다니는 것이 아니다. 그러기 때문에 그것이 장소를 옮겨 다닌다는 것은 상상을 절하는 놀라움을 준다.

그러나 한국인의 눈으로 보면 별로 신기할 게 없다. 한국의 돗자리나 멍석은 융단처럼 일정한 장소에 깔아놓는 것이 아니다. 원래의 기능이 말았다 폈다 하며 마법의 융단처럼 허공을 옮겨 다니면서 새로운 공간을 만드는 일이다. 아마도 한국인이면 누구나 멍석을 타고 하늘을 난 경험이 있을 것이다. 여름의 긴 해가 지고 저녁이 되면 모기를 쫓는 모닥불 향기가 부드러운 어둠처럼 마당에 깔리기 시작한다. 멍석이 펼쳐지는 시간이다.

그 순간 흙 마당은 옛날 중앙아시아 고원의 풀밭이 된다. 그 위에 누우면 우리 옛 선조들이 그러했던 것처럼 하늘의 별들이 보인다. 급히 지나가는 구름 사이로 북두칠성이 보이면 몸은 중력을 잃고 하늘로 떠오른다. 이렇게 멍석에 누워 별을 헤는 동안 땀과 눈물로 얼룩졌던 일상적 공간은 꿈과 초월의 공간으로 바뀐다.

흙 마당을 풀밭으로 만들고 걸어 다니던 공간을 눕는 자리로 바꿔주는 멍석이 외부 공간과 관련한 창조물이라고 한다면, 그보다 훨씬 섬세하고 부드러운 돗자리는 주거 공간의 내부를 다시 분절하여 새로운 의미를 만들어주는 마법의 융단 구실을 한다.

돗자리는 돗자리 크기만큼의 색다른 공간을 만들어준다. 감각부터가 다르다. 돗자리를 펴면 우선 왕골 냄새와 사람의 땀내가 어우러진 독특한 냄새가 풍겨온다. 그리고 후각의 변화는 땀을 흡수하는 다공성 섬유질의 미묘한 양의성, 말하자면 나무의 딱딱함과 풀의 부드러움을 동시에 지니고 있는 촉감과 공감각적인 효과를 일으킨다.

시각적인 변화는 말할 것도 없다. 우선 연속적인 공간에 새로운 화폭처럼 틀이 생겨나고 다른 공간과 구분되는 별도의 분절된 네모난 방위方位를 지닌 작은 우주가 생겨난다. 그리고 아무리 작은 돗자리라 해도 그 문양은 반복적인 것이므로 무한으로 이어진다. 그러면서도 돗자리의 색깔은 장판 색과 마찬가지로 노란빛을 띠고 있어 양탄자를 깐 것처럼 돌연한 단절감을 주지 않는다. 화문석의 화려한 무늬라 해도 그림 위에 앉아 있는 것 같은 느낌을 주지 않는 것은 그 바탕이 자연 그대로의 소박한 질감을 갖고 있기 때문이다.

어찌 청각인들 그대로일 수 있겠는가. 돗자리 위에서 움직이면 그 스치는 미묘한 음향이 난다. 모시가 구겨지는 것 같은 서늘한 소리다.

이렇게 감각의 총체적인 변화가 만들어놓는 그 공간은 의미론의 변화에 의해서 최종적인 공간 만들기의 작은 기적을 연출한다.

평범한 일상의 공간에 돗자리를 깔면 손님을 맞는 연회의 공간이 되기도 하고, 노동 공간이 갑자기 유희 공간으로 바뀌어 놀음판이 되는가 하면, '속俗'의 공간이 제사를 지내는 '성聖'의 공간으로 바뀌기도 한다.

"하던 짓도 멍석을 펴놓으면 하지 않는다"라는 속담을 분석해 보아도 알 수 있듯이 멍석이나 돗자리는 한국인에게 하나의 무대 공간이고 색다른 생활을 기획하는 연출 공간이다. 땀과 눈물로 범벅이 된 공간에 멍석이나 돗자리가 펼쳐지면 마법의 융단처럼 우리의 육신과 영혼은 자유롭게 허공을 난다.

뒤주

집안의 작은 신전

주부의 이미지도 근대화와 함께 많이 변했다. 오늘날의 주부상이 최신식 양문형 냉장고와 같다면, 옛날의 대갓집 마나님은 대청마루에 놓여 있는 묵직한 쌀 뒤주다.

뒤주는 아무리 보아도 무엇인가 꾸민 흔적이라는 게 없다. 화사하다거나 날씬하다는 말은 어디에도 어울리지 않는다.

간혹 무쇠장식이나 놋장식이 붙어 있어도 그것은 오히려 그 튼튼함과 무게를 더해줄 뿐이다. 단단한 회화나무의 통판으로 궤짝처럼 네모나게 짜인 뒤주는 오직 간결한 기하학적 직선만으로 구성되어 있다. 만약 그것을 수식할 수 있는 것이 있다면 오직 '듬직하다'는 말뿐이다. '듬직하다'는 말을 문자 그대로 해석하면 '무엇이 안에 가득 들어 있음 직하다'는 뜻이 된다. 속이 비어 있지 않고 차 있는 것, 그래서 묵직한 부피를 느끼게 하는 것, 그것이 바로 듬직하다는 말의 어원일 것이다. 그렇다면 뒤주 말고 무엇이 또 그런 표현에 어울릴 것인가.

보통 뒤주에는 쌀 한 섬이 들어가게 되어 있지만 그것이 비어 있을 때에도 전연 속이 빈 것 같은 느낌을 주지 않는다. 언제 보아도 네 귀에 세워진 그 기둥은 육중한 지붕을 떠받들고 있는 사원의 건축물처럼 보인다. 든든하고, 짧고 뭉툭한 네 다리는 지면과 밀착되어 뿌리처럼 내려져 있다.

그래서 뒤주는 대청마루에 놓여 있다고 하기보다 움직일 수 없는 무게로 붙박여 있다고 말하는 편이 옳다. 모든 세간들은 분해하여 움직일 수 있도록 되어 있지만 뒤주만은 아무리 작은 한 말들이 잡곡 뒤주라 할지라도 섣불리 옮길 수 없는 자리에 그 무게의 닻을 드리우고 있다. 흡사 하나의 바위, 하나의 산에서 느낄 수 있는 부동성의 아름다움이다. 뒤주는 그 뒤주의 주인처럼 감히 남이 넘볼 수 없는 확고하고 당당한 위신과 덕성으로 한 가족 위에 군림한다.

모든 뒤주는 본질적으로 전라북도 김제에 보존되어 있다는 70가마들이 초대형 조선 시대의 그 뒤주와 다를 것이 없다. 그것은 그 집안의 곳간을 한곳에 모아 놓은 것이고 가사의 중심이 되는 상징적인 장소이기 때문이다.

우리를 양육해준 풍요한 어머니의 품속, 그것을 연장하고 확장한 것이 바로 뒤주다.

조석으로 그 두꺼운 뚜껑을 열어 하루의 양식을 건사하는 주부는 어떤 모습을 하고 있을까. 비록 화장을 하지 않은 소박한 얼굴이지만 머리는 한 올의 헝클어짐도 없이 단정하게 빗어올린 우리의 옛 어머니들, 어느 한구석 빈자리도 없이 온 가족을 사랑으로 가득 채운 너그러운 앞가슴에는 무쇠 자물쇠와 같은 것이 채워져 있어 아무 때나 그렇게 헤프지가 않다.

뒤주에 갇혀 죽은 사도세자의 슬픈 이야기도 그 상징성을 따져보면 모태귀환母胎歸還의 원형으로 풀이할 수도 있다. 자궁을 뜻하는 영어 단어 'womb'과 무덤을 뜻하는 영어 단어 'tomb'의 음이 비슷하듯이 누구나 사도세자처럼 뒤주에서 죽는다.

떡

마음의 지층

민속학자들의 말을 들어보면 떡은 밥 짓기보다 앞선 곡물 조리로서 그 역사가 깊다고 한다. 그런 설명이 아니더라도 밥이 일상성을 나타내고 있는 데 비해 떡은 잔칫날과 같이 특수한 날과 결합되어 있다. 설이고 추석이고 으레 명절이 가까워지면 떡방아를 찧는 소리가 들려온다. 누나가 시집을 가거나 어머니가 고사를 지내는 그런 날에도 떡시루가 등장한다.

밥은 삼백예순날 늘 같은 모양, 같은 맛으로 그리고 같은 그릇에 담겨져 나오지만 떡은 계절에 따라 다르고 잔치의 성질에 따라 변하는 하나의 이벤트가 된다. 멥쌀가루에 어린 쑥잎이나 새로 움트는 느티나무 잎을 섞어서 찐 쑥설기, 느티설

기의 향기로운 떡을 먹으면 벌써 봄이 온 것이다. 그리고 반달 같은 송편을 빚으면 이제 가을이 뜰 앞으로 성큼 다가온다. 계절의 변화뿐이겠는가. 돌떡을 먹으면 아이가 혼자 일어서 대지를 밟고 한 발 한 발 떼놓는 작은 기적을 느끼고, 생일떡을 먹으면 키가 한 치나 더 자란 녀석의 뒤통수가 한결 든든하게 느껴진다.

아니다. 떡은 이미 이 세상을 떠난 옛사람까지도 한자리에 불러 앉힌다. 소설가 이상의 말대로 "호박고자리에 무시루떡, 그 훅훅 끼치는 구수한 김에 좇아서 증조할아버지의 시골뜨기 망령들은 정월 초하룻날, 한식날 오시는" 까닭이다.

떡은 일상의 삶에서 벗어난 일탈성과 예외성을 만들어 익숙한 생으로부터 멀리 떨어진 낯선 공간으로 우리를 인도한다. 그래서 이 세상을 살아가는 기억의 달무리가 되고 그 행위의 변주가 된다.

그러나 떡은 잔치의 의미론만이 아니라 물질로서의 형태를 갖고 있어 미각과 함께 시각의 즐거움을 준다. 보기 좋은 떡이 먹기도 좋다는 속담을 인용하지 않더라도 떡은 인간의 감각이 결코 고립적인 것이 아니라는 증거물이 된다.

절편의 표면에 여러 가지 무늬를 찍는 한국의 떡살엔 차바퀴 모양의 원형 무늬가 있는가 하면 네모난 정방형의 무늬도 있다. 딸을 시댁에 보낼 때처럼 떡 위에 각인된 그 떡살 무늬는 떡을 보내는 이의 메시지를 담고 있다. 생일날 케이크 위에 'Happy Birthday'와 같은 문자를 쓰는 직접적인 표현이 아니라 추상적인 문양의 형태에 의해 암시되는 품위 있는 시각 언어다.

떡살과 같은 인위적인 무늬가 아니더라도 시루떡은 우리를 미각과 후각과 촉각을 종합하는 완벽한 시각의 세계로 이끌어간다. 그것은 지층처럼 한 켜 한 켜 켜를 이루고 있는 그 고물들이 자아내는 중층적 구조의 아름다움인 것이다. 미각의 지질학이다.

형태만이 그런 것이 아니라 한 시루에서 만들어진 여러 형태의 다양한 시루떡은 온 동네로 돌려진다. 시루떡은 바로 중층적인 구조를 이루며 살아온 한국 사회의 단면을 그대로 보여주는 문화의 단층이다.

밥 옆에 떡이 있기에 우리의 일상성은 늘 태초의 그날처럼 극적으로 새롭게 눈뜨고 일어서는 것이다.

통합, 그리고 연속의 무늬

국어사전인데도 외국어들만이 나타나 큰기침을 하고 있는 곳이 있다. 마치 조차지租借地처럼 한국말은 완전히 밀려나 발 디딜 곳이 없는 땅, 그곳은 '라디오'로 시작되어 '링' 등으로 끝나는 ㄹ 항목이다.

두음법칙에 의해서 ㄹ 음이 첫머리에 나올 때에는 그 소리가 ㄴ 음으로 바뀌게 되는 음운론 탓이다. 그러기 때문에 오히려 한글 사전의 ㄹ 항에서는 문자가 소리를 압도하고 앞자리에 서게 된다. ㄹ 자는 이미 단순한 소리의 흔적, 소리의 그림자로서가 아니라 당당한 독립된 시민권을 지니고 두 발로 서 있다.

그러고 보면 한글의 문자 가운데 가장 재미있고 또 완벽한 모양을 하고 있는 것이 바로 그 ㄹ 자라고도 할 수 있다.

흔히들 한글을 표음문자라고 하지만 그 자형을 가만히 살펴보면 영어의 알파벳과 결코 같은 자리에 앉혀 놓을 수 없는 문자다. 한글은 단순히 소리를 표기하는 자의적인 글자와는 다르기 때문이다.

가령 영어의 K 자는 그것이 나타내고 있는 소리와는 어떤 동기성도 찾아볼 수가 없다. 말하자면 소리와 글자의 관계는 자의적인 것이다.

그러나 한글의 첫째 자음인 ㄱ 자는 ㄱ을 발음할 때의 소리와 밀접한 연관성을 지니고 있다. 우리가 ㄱ 음을 발음할 때에는 혀뿌리를 높여 입천장 뒤쪽에 붙였다가 떼어야만 한다. 그때의 혀 모양을 본뜬 것이 바로 ㄱ이라는 한글의 자모다. 일종의 발음기관의 상형성을 지니고 있는 것이 한글이 지닌 특성이다.

두 번째 자모인 ㄴ 자를 보면 더욱 확실해진다. ㄴ 음은 ㄱ과는 달리 혀끝을 윗잇몸에 붙였다 뗄 때 나는 소리이므로 그 혀 모양은 ㄱ과 정반대로 나타난다. 그러므로 ㄱ과 ㄴ은 글씨 모양이 완전히 뒤집어진 대립 관계를 보여준다.

이렇게 따져가면 ㄹ 음에서는 혀끝을 떠는 혀 모양이 선명하게 떠오른다. 그뿐만 아니라 ㄹ이 ㄱ, ㄴ, ㄷ의 세 자소를 다 같이 지니고 있다는 사실도 알게 된다. ㄱ과 ㄴ의 이항대립을 함께 포섭하여 무한한 연속체를 만들어내는 통합의 형태가 바로 ㄹ 자다. 마치 그 글자는 1, 2, 3, 4 등의 모든 숫자 모양을 다 포함하고 있는 디지털 숫자판에 나오는 아라비아 숫자 8과도 같은 것이라 할 수 있다.

물론 ㅁ 자도 그렇다. 그러나 ㅁ 자는 그것 자체로 완성, 고립되어 닫혀 있지만 ㄹ은 한국인이 곧잘 애용하고 있는 완자무늬처럼 계속 연결하여 끝없는 연속체를 만들어갈 수 있는 열린 형태를 하고 있다.

사실 그러기 때문에 한글의 ㄹ 자처럼 ㄹ의 그 유음과 잘 어울리는 글자도 아마 없을 것이다.

돌돌 돌아가고 졸졸 흘러가는 것들을 한글로 적어 놓으면 표음문자라고 하기보다는 어떤 상형적 이미지가 떠오른다. ㄹ이 겹쳐져 있는 글자들은 우리에게 무한히 연속되는 유동체의 운동을 눈앞에 선하게 떠올리게 한다.

'솔방울이 떼굴떼굴 굴러간다'라고 써놓으면 완자무늬처럼 여섯 개의 ㄹ 자가 등장한다. 여기에 만약 ㄱ 자를 넣어 '솔방울이 떽떼굴 떽떼굴 굴러간다'고 하면 계속 굴러가던 솔방울이 무엇에 걸렸다 굴러가고 굴러가다 걸리는 단절과 연속을 나타내게 된다. 한글의 ㄹ 자는 한글이 지닌 글자의 특성과 그 미학을 가장 잘 나타내는 황금의 모형이다.

매듭

맺고 푸는 선의 드라마

끈은 문화의 시작이다.

언어와 마찬가지로 끈은 의미를 만들어내는 기호로 작용하고 있기 때문이다. 새끼 끈 문양을 한 원시 시대의 승문토기를 보면 알 수 있다. 끈이 문자와 같은 의사 전달이나 기억을 위한 흔적으로 사용된 직접적인 예는 결승문자와 같은 것에서도 찾아볼 수 있다.

끈이 끈의 구실을 하기 위해서는 그것을 맺는 기술이 개발되지 않으면 안 된다. 문명의 원초적인 기술은 바로 끈을 이어가고 맺는 매듭의 역사로부터 시작되었다고 해도 과언이 아니다.

칡이나 등 넝쿨은 자연의 산물이지만 만약 그것을 끊어 서로 맺게 하면 인간의 문학적 산물로서 하나의 끈이 되고 매듭이 된다. 그것은 언어와 같은 하나의 의미 작용을 하게 되는 것이다.

특히 한국의 문화는 끈의 문화라고 정의할 수도 있다. 한국인이 가장 많이 재료로 사용하는 지푸라기는 새끼를 꼬는 데서부터 시작된다. 모든 기술의 기초가 바로 이 끈 만들기이며, 그것을 어떻게 맺는가에 의해서 짚은 짚신이 되기도 하고 가마니가 되기도 하고 바구니 멍석이 되기도 한다.

한국인의 의상을 보아도 단추가 아니라 모두 끈이 달려 있어 매도록 되어 있다. 매는 것 자체가 하나의 실용적인 기능이요 장식이다. 한국의 저고리에서 옷고름이 없었다면 어떻게 되었을까.

인간이 만나고 헤어지는 것을 맺고 풀고 잇고 끊는 끈의 관계로 나타낸 것이 한국인의 인간관이다. 그래서 한국인은 고립무원의 상태를 끈 떨어졌다고 말하기도 한다.

이러한 끈의 사상을 실제로 눈으로 볼 수 있는 기호로 만들어낸 것이 바로 매듭이라는 수예품이다. 매듭의 형태와 그 의미를 산출하는 기호 체계는 코, 몸, 손의 세 가지 요소로 분절된다. '코'는 평매듭, 감기매듭, 국화매듭처럼 매듭 코가 기호 표현으로 되어 있는 것으로 그 의미 작용은 옷고름의 코처럼 부드러움과 여유를 나타낸다. 그러나 '몸'은 매듭이 감긴 부분으로서 가닥을 결합시키고 묶음으로써 매듭의 강함을 나타낸다. '손'은 매듭의 끝으로 술 같은 것, 옷고름으로 치면 옷고름 자락을 뜻한다.

'손'은 맺는 것과 반대로 푸는 쪽의 의미 작용이 있어서 아무리 복잡하게 매어진 것이라 해도 '손'은 다시 풀 수 있는 열쇠를 간직하고 있다. 그래서 '몸'과 '손'이 대립항을 이루고 '코'가 그 중간의 매개항을 이룬다. 이 세 개의 균형 속에서 매듭은 아름다운 구조를 갖게 되고 인간이 만나 서로 인연을 맺기도 하고 원을 풀기도 하는 운동을 한다.

운동은 모두가 시간 속에서 이루어지지만 매듭은 그러한 운동과 그 궤적을 공간화하여 구조화한 것이다. 매듭은 끈의 문화로 상징되는 한국인의 마음을 시각화한 언어다.

맷돌

분쇄의 기술

인류가 물질을 재구성하여 이용하는 데는 세 가지 기술이 있다고 한다. 첫째는 물질을 분쇄하여 가루를 만들어 재구성하는 것이고, 둘째는 물질을 원자 상태로까지 부수어 재구성하는 화학 기술, 그리고 셋째는 그 원자를 분해하는 원자력 기술이다. 이 세 가지 기술의 공통적인 특성은 모두 빻아서 가루를 만드는 데 있다. 가루를 만드는 데는 때려서 빻는 것과 갈아서 으깨는 두 방법의 원형이 있는데 거기에서 각각 생겨난 대표적인 도구가 바로 절구요 맷돌이다.

그런데 인류의 도구와 문명을 낳는 원조라 할 수 있는 절구와 맷돌을 가만히 관찰해보면 다 같이 공격성과 창조성을 상징하는 양면성을 띠고 있음을 발견할 수 있다. 사실 그것은 화살이나 돌칼보다 더 무시무시한 공격성을 보인다. 오늘날의 폭력적인 은어에서도 절구질이나 맷돌질에서 연유된 '빻다', '으깨다', '가루를 만들다'와 같은 표현들이 쓰이고 있는 것을 보면 알 수 있다.

"백골이 진토되어 넋이라도 있고 없고"라는 정몽주의 〈단심가 丹心歌〉에서도 우리는 죽음 이상의 극한적 상황이, 백골이 가루(진토)가 되는 상상으로 나타나 있음을 쉽게 알 수 있다. 지구를 분쇄하는 핵 공포가 이미 신석기 시대의 맷돌 속에 숨겨져 있었음을 누가 부정하겠는가.

그런데 참으로 이상스러운 것은 절구나 맷돌은 그 공격성, 파괴성에도 불구하고 남녀가 결합하는 성행위로 유추되기도 한다는 점이다. 오랫동안 절구는 여성의 자궁, 공이는 남성의 성기 그리고 절구질은 남녀의 성행위라는 은유로 사용돼왔고 맷돌 역시《춘향전》에서 성관계 체위를 묘사하는 데 위짝과 아래짝이 남성과 여성으로 상징하고 있다. 춘향이 이 도령을 향해서 이생이나 후생이나 밑에 깔려 있는 것이 싫다고 말하니 이 도령은 "그럼 너 죽어 위로 가게 하마. 너는 죽어 맷돌 위짝이 되고 나는 죽어 밑짝이 되겠다"라고 말한다.

여기에서 우리는 중대한 문명의 상징적 의미를 찾게 된다. 파괴적인 공격성이 남녀와 같이 음과 양의 양성 관계로 나타나면 도리어 생명적인 창조의 원동력이 된다는 사실이다. 상극하는 대립이 아니라 상보적인 융합이 되기 때문이다.

인간의 도구에서 파괴성만 남고 성적인 이미지가 사라져버린 것이 바로 화학적, 물리적 분쇄 기술이다. 연금술의 시대만 하더라도 물질을 결합시키는 도가니는 여성의 자궁으로 은유되었으며, 온갖 화학적 변화는 남녀의 성행위와 동일시되었었다.

가루를 만드는 기술은 파쇄하는 것이 아니라 재결합, 재구성을 위한 예비 단계였다. 절구에서 빻아진 떡가루와 맷돌에서 갈아진 녹두나 콩은 새로운 음식의 형태를 낳는 준비 과정에 불과한 것이다. 생명을 잉태하는 과정처럼….

그러나 원자를 쪼개는 그 핵폭탄의 물리적 분쇄는 단지 분리만이 있고 융합은 없는 파괴의 공격성에서 끝난다.

한국인이 만든 도구 가운데서 어째서 맷돌이 그처럼 아름다운 형태를 하고 있는가를 다시 한번 잘 관찰해주기 바란다. 어째서 일본인들이 한국의 맷돌을 사다가 미의 극치라고 자랑하는 그들의 다실을 꾸미는 데 이용했겠는가.

한국의 절구와 맷돌은 오늘의 화학적 기술과 물리적 원자 기술을 향해 끝없이 눈을 흘기고 있는 귀여운 시대착오자다.

무덤

죽음의 순서

'生(생)'이라는 한자는 식물의 새싹이 돋는 모양을 나타낸 것이라고 한다. 위로 솟아나는 것, 그것이 생인 것이다. 그러고 보면 이 세상에서 기어 다니던 아이가 두 발로 땅을 딛고 일어서는 것처럼 극적인 것도 없다.

그와는 반대로 죽는다는 것은 아래로 떨어진다는 것이다. 시체를 뜻하는 라틴어 '*cadaver*(카다베르)'란 말이 '하락하다'라는 동사에서 생겨난 말이라는 것을 생각해보면 그 뜻이 더욱 분명해진다. 한국말의 '무덤' 역시 '묻다'라는 동사에서 나온 것으로 싹이 솟아오르는 것과는 반대의 이미지를 갖는다. 그러나 한국의 무덤은 둥근 봉분이 솟아 있고 거기에 푸른 잔디를 심었기 때문에 서양의 카타콤(지하 묘지)과는 다른 느낌을 준다. 비록 지하에 묻혀 있으나 새로 생긴 무덤은 작은 언덕 혹은 산처럼 하늘을 향해 솟아 있는 자세다. 그러나 그것은 하늘을 찌르는 피라미드와는 근본적으로 다르다.

피라미드는 허물어지고 풍화되어간다고 해도 자신의 형태를 고집하고 그 덩어리를 필사적으로 떠받치려는 저항의 자세를 취하고 있다. 그러나 흙을 쌓아 올린 한국 무덤의 봉분은 세월 속에서 차츰 내려앉아 평지의 레벨과 가까워진다.

그러니까 무덤 역시 한국에서는 조금씩 죽어가는 것이다. 오랜 세월이 흘러 사람들의 기억 속에서 차츰 잊히고 발길이 뜸해질 무렵 그래서 비석마저 풍화되어버리면 무덤은 그냥 흙으로 돌아가 사라져버린다.

무덤의 생김새처럼 한국인의 죽음에는 삶과 마찬가지로 그 과정이라는 것이 있다. 길을 가다 보면 새로 생긴 무덤과 오래된 무덤 그리고 이제는 잊혀져 영영 죽어버린 폐묘를 볼 수가 있다. 그뿐만 아니라 같은 무덤이라 해도 봄이 되면 무덤의 뗏장에는 새싹이 트고 여름에는 우거져 있다가 가을이면 금잔디로 변한다. 한국인은 죽고 나서도 계절의 순환을 맞는 것이다.

이렇게 수십 번의 봄과 가을을 보내면 무덤을 덮은 잔디들도 다른 잡초 속에 묻혀간다. 봉분만이 아니라 떼도 하락해가는 것이다.

그렇다. 떼까지도 사라져버리는 것이다. 그것은 이중의 무덤이라고 할 수 있다. 그렇게 되면 이윽고 무덤의 방위마저도 사라져버린다. 좌청룡 우백호도 사라지고 흔적조차 찾을 길 없게 된다.

무덤이 사라져 완전히 지면으로 돌아가는 데 한 백 년 넘어 걸린다. 살아 백 년 죽어 백 년, 한국인은 이렇게 두 번 죽는다.

문

문풍지 문화

서양에는 "열쇠 구멍으로 들여다본다"라는 말이 있다. 문을 닫으면 한 치의 틈도 없이 꼭 들어맞기 때문에 그런 말이 생겼을 것이다.

그러나 대충대충 짜서 달아놓은 한국 문은 아무리 꼭 닫아도 으레 틈이 벌어지게 마련이다. 그래서 우리는 열쇠 구멍이 아니라 "문틈으로 들여다본다"라는 말이 생겨난 것이다. 같은 창호지로 바른 여닫이문인데도 일본 역시 우리와는 다르다. 모든 문은 한 치의 틈새도 없이 꼭 들어맞도록 되어 있다. 그래서 일본 문은 여러모로 한국 것과 비슷하게 생겼으면서도 문풍지라는 것이 없다.

그렇다. 문풍지는 한국 특유의 것이다. 그래서 한국인이 아니면 문풍지 소리를 들으며 깊고 깊은 겨울밤을 보내는 그 정취가 무엇인지를 모를 것이다. 한마디로 문풍지는 치수의 부정확성에서 생겨난 산물이다. 말하자면 문풍지 문화는 무엇이든 재고 따지고 계산하는 자의 문화와 양극을 이루는 특성을 지니고 있다.

문풍지만이 아니다. 암수로 된 한국의 돌쩌귀는 서양이나 일본의 경첩과는 달리 망치로 두드려서 얼마든지 그 사이를 벌렸다 조였다 할 수 있게 되어 있다. 그 융통성 때문에 미리 문짝을 꼭 맞추려고 애쓰지 않아도 된다.

사실 하려고 들면 일본인들에게 건축술을 전파해 호류사法隆寺를 짓는 데 도움을 준 한국인들인데 그까짓 창문 하나 똑바로 맞출 수 없었겠는가. 문짝은 안 맞는데도 그 창살은 어느 나라 것보다 섬세하고 정밀하게 짜여 있지 않은가. 용자창, 거북창, 완자창 등의 그 아름다운 창문 살을 짜는 솜씨라면 문틈 정도를 없애는 것은 힘들 것이 없었을 일이다.

그런데도 문에 문풍지를 단 것은 일일이 한 치 두 치 재어가며 세상을 살아가려고 하지 않았던 한국인의 성격 때문이었다고 볼 수 있다.

문이라는 그 자체가 이미 합리적인 계산이나 논리로는 따질 수 없는 존재인 것이다. 문을 마음에 비유한 한국의 아름다운 시조들을 읽어보면 알 수 있다. "창 내고자 창 내고자 이내 가슴에 창 내고자"로 시작되는 시조는 마음에 창을 내어 열자는 것이고, "한숨아 세한숨아 네 어느 틈으로 들어오느냐"라는 시조는 마음의 창문을 닫아 한숨의 바람을 막자는 것이다.

이렇게 여는 것과 닫는 것의 상반되는 두 기능을 한 돌쩌귀에 동시에 지니고 있는 것이 바로 창문이다.

정말 그렇다. '창문은 어둠과 빛의 경계에 있는 상처'다. 그것이 닫히기만 하는 것이라면 벽과 다를 게 없고, 그것이 열리기만 하는 것이라면 허허벌판의 한데와 구별될 수 없다. 그러기 때문에 창은 이것이냐 저것이냐의 흑백논리로 설명될 수 없는 보다 깊은 존재의 심연 속에 위치해 있다.

합리적인 자로는 잴 수 없는 벽의 상처, 빛과 어둠의 경계에 있는 문의 비밀을 알고 인생을 살아가는 사람들은 자라는 것 그리고 치수라는 것에 얽매여 살 수가 없었던 것이다. 한 치 두 치의 꼼꼼한 계산으로는 이룰 수 없는 생의 심연, 그것을 알고 있는 사람들은 나무를 깎는 정밀한 대패 소리보다 밤의 문풍지 소리를 더 사랑하게 될 것이다. 한국 창문의 미학은 정확한 기능이 아니라 우연과 모순의 생이 빚어낸 문풍지의 울림 속에 있는지 모른다.

물레방아

환상의 바퀴

맷돌과 절구 이야기에서 이미 언급한 바 있지만 가루를 만드는 방법과 태도에서 동서양 문화의 차이가 벌어진다. 가루를 뜻하는 한자 '粉(분)'은 분명히 쌀 미* 변에 나눌 분分을 합친 것이지만 실은 가루의 대표적인 것은 쌀이 아니라 밀이라고 할 수 있다. 오히려 특수한 경우를 제외하고는 가루로 만들지 않아도 밥을 지어 먹을 수 있기 때문에 쌀은 가루음식과는 대립적인 특성을 지니게 된다.

밀은 반드시 가루로 만들지 않고는 먹을 수가 없다. 밀과 밀가루는 서로 떼어내어 생각할 수 없는 존재로, 가루 하면 쌀이 아니라 밀부터 생각하게 된다. 실제로 가루라고 하면 무엇을 연상하느냐는 한 설문조사 결과에 따르면 응답자 850명 중 548명이 밀가루라고 응답하고 있어 밀이 1위를 차지하고 있다. 그다음에는 시멘트, 설탕의 순으로 되어 있고 쌀은 15위 안에도 들지 못했다.

한국이나 일본 등 아시아의 문화가 쌀 문화권이라고 한다면 유럽, 미국 등은 빵을 먹는 밀가루 문화권에 속한다. 그러고 보면 밥을 먹는 아시아인이 빵을 먹는 서양 사람보다 동력의 이용이나 기계화에서 뒤지게 된 것도 알 만한 일이다. 밀을 먹는 사람들은 반드시 밀가루를 만들어야 했고 그러자면 껍질만 벗겨 밥을 해 먹는 우리보다 훨씬 더 많은 동력과 기계화의 필요성을 느꼈을 것이다.

마르크스는 《자본론》에서 "기계의 전 발달사는 밀가루와 제분공장의 역사에 의해 추구될 수 있다. 영국에서는 공장을 지금도 밀mill(방앗간)이라고 부른다"라고 적고 있다.

중세의 서양에서 밀가루를 빻는 방앗간을 영주나 교회가 독점하고 서민들은 맷돌을 소유할 수 없다는 금지령을 내렸던 사실 하나만 보더라도 방앗간의 개념이 우리와 얼마나 달랐는가를 짐작할 수 있다.

근세에도 물레방앗간 주인의 부와 세도는 우리가 상상할 수 없이 큰 것으로 마을의 중심 역할을 하고 있었다. 마르크스의 말대로 밀을 빻는 방앗간에서 동력과 기계화가 이루어지고 그것이 모든 산업화의 중추 역할을 하는 공장의 원형이 된 까닭이다.

그러나 우리의 물레방앗간은 부의 상징도 기계공업의 선구자도 아니다. 한국 문학 작품에 나타난 물레방앗간은 오히려 인적이 끊긴 후미진 곳에 있어서 사람들의 밀회 장소로 이용되어 왔다.

그 대표적인 예가 얼금뱅이 허생원이 성 서방네 처녀와 첫정을 나눈 〈메밀꽃 필 무렵〉의 물레방앗간이다. 그것은 마을에서 멀리 소외된 외딴곳, 아무도 찾아오지 않는 폐가와 다를 것이 없다. 그래서 물레방아는 오늘날에만 관광의 유물로서 돌아가고 있는 것이 아니라 예부터 현실에서 동떨어진 수레바퀴로 돌고 있었던 것이다. 왜냐하면 무슨 잔칫날이나 특별한 날이 아니면 방앗간을 찾아갈 만큼 빻을 것이 많지 않았기 때문이다.

사랑의 밀회 장소가 된 한국의 물레방앗간과 근대의 산업공장으로 변신한 서양의 물레방앗간은 어쩌면 두 문화의 운명을 가르는 화살표일는지 모른다.

미륵

50억 년의 미소

시골길을 걷다 보면 문득 풀숲에 돌 하나가 서 있는 것을 볼 수 있다. 그냥 입석인 것처럼 보이지만 머리와 동체의 구분이 있고 얼굴 부분에는 코도 있고 눈 자국도 있다. 더욱이 입술 언저리에는 이지러진 것 같으면서도 엷은 미소 같은 것이 어려 있음을 볼 수 있을 것이다. 이름 없는 시골 석수의 손으로 새겨진 미륵보살이다.

하고많은 부처님들을 다 놓아두고 한국 민중들은 어째서 이 미륵보살을 믿음의 대상으로 삼아 오랜 날을 두고 의지해왔는가.

한결 더 정답게 자씨慈氏 보살이라고도 부르는 이 미륵은 석가모니로부터 미래에 성불할 것이라는 수기受記를 받은 미래불이다. 그러니까 석가모니가 입멸한 뒤 도솔천에서의 4,000년, 인간의 햇수로 56억 7,000만 년이 지났을 때 이 세상에 내려와 용화수龍華樹 밑에서 성불하고, 그때까지 미처 제도濟度를 받지 못한 중생들을 위해서 세 번의 법회를 열어 모두 구제한다는 예언 속의 부처님인 것이다.

그러므로 지금 당장 눈앞의 현실만을 믿고 살아가는 사람들은 미륵을 믿을 수가 없다. 그리고 또한 자신을 제도받은 선택된 존재로 생각하고 있는 사람들, 저 불행하고 소외된 중생의 아픔을 모르는 사람들은 미륵보살 앞에 허리를 구부리지 아니한다.

한국의 민중들이 미륵신앙을 가지고 살아왔다는 것은 50억 년이나 되는 멀고 먼 미래를 가슴속에 새기며 살아왔다는 뜻이 된다. 그러므로 토착적인 순수한 한국어에는 내일이라는 말이 없지만 그보다 더 먼 모레와 글피라는 말이 있는 것이다.

또한 한국의 민중들이 미륵신앙을 가지고 살아왔다는 것은 자기 자신을 미처 제도받지 못한 중생으로서 자각하고, 이미 성불한 완성된 부처보다 장차 부처가 되어가는 그 생성의 과정을 더 소중히 생각했다는 증거다. 그것은 한 명도 빠뜨리지 않고 모든 중생들을 남김없이 제도하기 위하여 성불하지 않고 보살로서 살아간 미륵의 휴머니즘의 편에 서 있었기 때문이다.

한국 민중만큼 미륵불과 가까이 지내고 그 마음을 함께하며 살아온 사람들도 드물 것이다. 불상 가운데서도 특이한 자세를 하고 있는 미륵 반가좌상이나 반가사유상 같은 것을 보면 알 수가 있다.

부처님들은 가부좌하여 열반의 세계에 들어가 있다. 그러나 성불하지 못한 보살이나 사천왕들은 모두 서 있는 자세를 취하고 있다. 앉아 있는 것은 완성이요, 서 있는 것은 미완성인 채 움직이고 있는 것이다. 그런데 미륵은 서 있는 보살도 아니요, 앉아 있는 부처도 아니다.

반은 서 있으면서도 반은 앉아 있는 반가좌상, 부처이자 보살인 미래불의 모습은 앉아 있는 상태와 서 있는 상태의 양의성을 갖는다. 이것이 부정적인 측면으로 나타난 것이 한국의 엉거주춤의 문화이고, 긍정적이고 창조적인 면으로 발현된 것이 반가사유상의 그 아름다운 조각과 같은 예술품이다.

한국의 민중들은 이미 완성된 것보다 장차 부처가 되는 미래불 속에서 그들의 아픔과 그 아픔에서 벗어나는 희망을 보았던 것이다.

바구니

뽕도 따고 님도 보고

옛날 우리의 누이들이 밖에 나올 때 손에 들려 있던 것은 크리스티앙 디오르나 이브 생로랑 같은 핸드백이 아니었다. 마치 기구처럼 배가 부풀어 있는 둥근 바구니였다. 그리고 그 바구니 속에 들어 있는 것은 몸치장하는 화장품이나 사치품을 사는 지폐 같은 것이 아니었다.

그냥 텅 비어 있다. 그것은 단순히 물건을 간직해두거나 소비하기 위해 마련된 것이 아니기 때문이다. 바구니는 무엇인가를 가득 채우기 위해 있는 것이다. 봄에는 나물을 캐고 여름에는 뽕잎을 따고 가을에는 빈 밭에서 이삭을 줍는다. 캐고, 따고, 줍고… 그 기능의 메타언어는 '채집하다'이다.

바구니 속에는 아직 인간들이 밭을 갈고 씨를 뿌리는 것조차 모르던 채집 시대, 아득한 옛날 혈거민들의 전설이 숨 쉬고 있다. 그러므로 바구니는 반닫이나 장롱처럼 우리를 온돌방 아랫목으로 불러들이는 것이 아니라 밖으로 끌어낸다. 바구니는 늘 비어 있고 늘 무중력 상태처럼 가볍다. 새들의 둥지처럼 바깥세상을 향해 날아오르는 향수가 있다.

바구니는 비어 있을 때 가장 바구니답고 또 가장 아름답다.

정말 그렇다. 바깥세상을 모르는 수줍은 처녀들에게 바구니는 미지의 바다를 향해 첫 출항을 하는 신기한 배와도 같다. 그러므로 우리들 누이에게 바구니는 호미나 낫과 같이 단순한 노동만을 위한 도구가 아니었다.

바구니를 들고 나물 캐러 가는 봄 들판은 무도회장과도 같은 것이다. 나물만 캐는 것이 아니라 봄의 아지랑이와 그 향기를 채집한다. 바구니에 담기는 것은 바로 사랑과 모험을 향한 마음이다.

뽕잎 따는 바구니는 한결 더 농밀한 로맨스를 담는다. "뽕도 따고 님도 보고"의 속요처럼 바구니는 노동과 놀이를 양성구유적으로 융합시킨다. 노동과 사랑이 대립 관념으로 존재하는 것이 아니라 손등과 손바닥의 관계처럼 통합의 명제로 바뀌어 놓이는 것이다.

바구니를 옷으로 친다면 노동복이자 야회복인 것이다. 그리고 바구니를 들고 일을 하는 우리 누이들을 일하는 곤충으로 치자면 벌이 아니라 나비인 셈이다. 똑같은 꿀을 따도 벌은 일직선으로 꽃을 향해 날아가지만 나비는 이리저리 변하무쌍한 곡선을 그리다가 꽃 위에 앉는다. 무대 위에서 민요 춤을 추는 무희가 어째서 늘 바구니를 손에 들고 있는지를 알 것이다. 그리고 그것이 조금도 어색하지 않게 춤과 잘 어울린다는 사실도 알 수 있을 것이다.

저녁 늦게 밖에서 집으로 돌아오는 우리 딸들의 핸드백은 늘 비어 있었다. 차표 몇 장과 몇 개의 동전이 피곤한 기억처럼 남아 있다. 그러나 우리 누이들은 빈 바구니를 향기로운 나물과 풋사랑의 비밀로 하나 가득 채우고 돌아오곤 했다. 옛날 옛적 맨발의 채집민들처럼 동굴 안을 기웃거리며 돌아왔다.

바지

치수 없는 옷

서양의 기능주의, 합리주의가 무엇인지를 알려면 양복바지를 입어보면 된다. 정확하게 허리둘레의 치수를 재어 1인치의 오차도 없게 옷을 마른다. 바지가 허리춤에 꼭 맞을수록 일류 재단사 소리를 듣는다. 바지만이 아니다. 여자 스커트의 경우도 그 길이는 들쭉날쭉하더라도 허리춤만은 꼭 맞아야 한다. 이 정확한 치수 개념이 오늘날 인간이 달나라에까지 갈 수 있게 한 과학기술을 낳았다고 해도 과언이 아니다. 그러나 핫바지를 만든 전통적인 한국인의 눈으로 보면 서양 사람의 양복바지만큼 우스꽝스러운 것도 없다.

원래 사람의 허리는 재는 것이 아니다. 인체의 허리는 밥 먹었을 때 다르고 굶었을 때 다르며 건강할 때와 병을 앓고 있을 때가 모두 다르다. 아무리 치수를 정확하게 재어 만든 옷이라도 사람의 몸은 콘크리트 건축물이 아니기 때문에 수시로 변하는 것이다. 살아 있는 것의 몸을 잰다는 것은 흐르는 물에 표를 해놓고 떨어진 칼을 찾으려는 것처럼 어리석은 일이다. 생명체를 어떻게 자로 잴 수 있단 말인가.

자로 잴 수 없는 것을 재려고 드는 것이 서양의 합리주의요 기능주의다. 그래서 양복바지는 몸이 조금만 불어도 그 허리가 조여 불편하기 짝이 없고 또 몸이 약간 축이 나도 그것이 흘러내려 거북하게 마련이다.

그래서 한국인이 만든 바지는 아예 자로 재지 않고 처음부터 넉넉하게 만들어 접어 입도록 고안되었다.

한국 바지의 허리춤은 세계에서 가장 넓은 것으로 누가 입어도 되도록 융통성을 부여한 데 그 특징이 있다. 그러므로 몸이 불어나면 좀 덜 조이면 되고 몸이 마르면 더 조여 입으면 된다. 치마도 몸에 두르는 것이기 때문에 허리가 가늘든 굵든 신경 쓸 필요가 없다.

남자 것이든 여자 것이든 한국 옷은 치수라는 합리성을 넘어선 산물로서 그때그때의 상황에 융통성 있게 적응하도록 되어 있는 것이다. 사람이 먼저고 옷이 나중이다. 옷은 사람이 입기 위해 있는 것이다. 그러나 양복은 사람이 벗어놓아도 입체적인 자기 형태를 갖고 있다. 그래서 옷걸이에 걸어놓아야만 한다. 그러나 한국의 옷은 입으면 인체와 마찬가지로 3차원의 형태를 하고 벗으면 2차원의 평면으로 돌아간다. 그러니까 한국 옷은 걸지 않고 개켜둔다.

한국의 바지와 치마는 사람이 입었을 때 비로소 완성되는 것으로 자기 형태라는 것을 따로 갖고 있지 않다. 치수가 잘못되면 사람이 옷에 맞추어야만 하는 주객전도의 양복 문화, 그것이 인간소외 현상을 낳은 것이라면 넉넉한 한국의 고의춤은 끝없이 인간을 감싸주는 융통성 있는 문화의 상징이라고 할 수 있을 것이다.

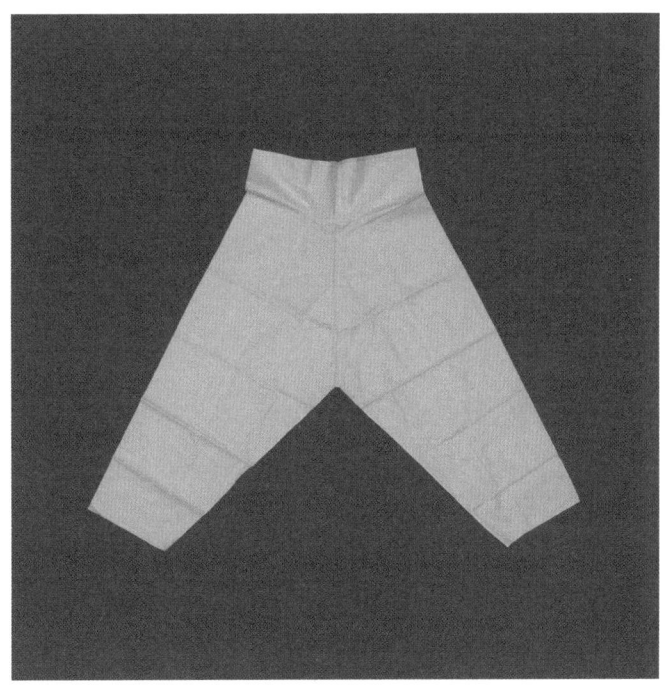

박

초가지붕 위의 마술사

그래, 우리가 살던 옛날 초가집 생각을 하면 눈물이 난다. 장마철이면 노래기가 나와 기어 다니고 썩어가는 지지랑물이 간장을 엎질러놓은 것처럼 낙수물로 고이던 초가지붕, 그것은 우리의 가난과 한을 상징하는 유물이다. 이런 초가지붕에서 태어난 우리의 한 독재자가 왜 그렇게 기를 쓰고 썩은 초가지붕을 헐어내려 했는지 그 슬픈 마음을 알 것도 같다.

그러나 이 초가지붕 밑에서 한 오백 년으로 살아가던 우리의 옛 할아버지, 할머니들은 초가지붕을 울긋불긋한 슬레이트 판자로 가리려고는 하지 않았다.

그들은 거기에다 박을 올렸다. 슬픔이요 때로는 분노이기도 한 그 가난의 공간에 박 넝쿨이 올라가면 주거 공간은 생산 공간으로 바뀌고 한 맺힌 공간은 정겨운 심미적인 공간으로 바뀌는 것이다.

한국인 말고 사람이 사는 지붕을 밭처럼 작물을 심어 먹는 생산 공간으로 이용한 사람들을 나는 아직 모른다. 누가 그것을 궁색한 짓이라고 비웃을 수 있겠는가. 푸른 박 넝쿨로 반쯤 덮인 초가지붕이 그 초라한 움막집을 아름답고 여유 있게 꾸미고 있는 것을 보면 웬만한 설치 예술가의 솜씨가 부럽지 않다. 그리고 기울어가는 초가지붕 밑에 잠들어 있는 사람들이 어떤 꿈을 꾸고 있는지도 알 수 있을 것이다.

어떤 가열한 가난도 이들의 꿈을 깨지는 못하였으리라. 다른 꽃들과는 달리 저녁에 피어 새벽이슬 속에 시드는 박꽃이 어둠을 장식하기 위해 있듯이 그들은 부가 아니라 가난의 밤을 밝히기 위해 태어난 사람들이다.

박이 완상용과 실용성을 겸한 식물인 것처럼 박을 올린 초가지붕도 완상의 목적을 위한 것이자 실용을 향한 의지를 다 같이 나타내고 있다.

박의 역설은 그것에서 그치지 않는다. 모든 열매는 그 열매 속에 값어치를 간직한다. 그러나 유독 박만은 열매 속을 다 도려내고 빈 껍데기만이 남게 될 때 비로소 바가지가 되어 제 구실을 한다. 실實보다 허虛, 이것이 바가지의 생활 이념이다. 바가지가 실용적 용구가 되어도 그 목적 자체는 허로 이루어진다. 어느 한 가지 용도만을 고집하는 것이 아니라 필요에 따라 여러 가지 다목적 기능을 띠게 된다. 샘에 띄우면 두레박이 되고 뒤주 속에 넣으면 됫박이 되어 도량형기의 구실을 한다. 크기와 형태를 이용하면 어떤 용기도 다 대신할 수 있다. 종지도 되고 사발도 되고, 놀이판이 벌어지면 막걸리를 퍼 마시는 술잔과 춤추고 노는 탈바가지가 되기도 한다.

바가지가 깨어져 더 이상 쓸 수 없게 되면 그때는 거름을 퍼내는 똥바가지가 되어 다시 또 요긴하게 쓰인다.

어떤 남루한 가난도 박의 역설 앞에는 무력했다. 그래도 가난이 쓰라리면 한국인들은 자라는 박을 보고 흥부의 박을 생각하며 부자가 되는 것이다. 가난하지만 착하고 인정 많은 흥부처럼 언젠가 톱질할 커다란 박 하나를 꿈꾸면서 부자가 되는 것이다.

초가지붕에는 박 넝쿨이 있다. 누가 초가지붕만 보고 그것을 가난의 한恨이라고 불렀는가.

버선

오이씨가 된 발

미국의 어느 인스턴트 수프 회사에서 부인용 양말을 경품으로 끼워주었더니 오히려 그 수프가 안 나가더라는 이야기가 있다. 소비자들은 무의식중에 수프에 발을 담근 것 같아 불결한 생각이 들었던 까닭이다.

인체 중에서 가장 천시되는 것이 발이다. 흙바닥과 직접 접촉되는 부분이기도 해서 인체 가운데 제일 더러움을 탄다. 그리고 마멸되기 쉽다. 거기에 불완전하게 붙어 있는 다섯 개의 발가락 하며(특히 찌그러진 새끼발가락이 더욱 그렇다) 나사못같이 튀어나온 복숭아뼈 하며 그 생김새도 말이 아니다. 그러기 때문에 중세의 서양 귀부인들은 발이 보이지 않도록 긴 치마폭 속에 숨기고 다녔다.

그러나 한국인들은 멋있는 디자인 감각으로 이렇게 못나고 더러운 발을 가장 아름다운 것으로 역전시켜놓은 버선을 만들었다. 서양의 양말(명칭 자체가 서양의 버선이라는 뜻이다)은 신었을 때 비로소 형태가 나타난다. 양말은 발 생김새를 그대로 나타낸다. 각선은 아름다우나 발 부분은 어떤 디자이너도 그 형태를 달리 변형시키지 못하였다. 그래서 서양 옷은 모두 입체적인 자기 형태를 가지고 있는데 양말만은 그렇지가 않다. 발 생긴 대로 따라간다. 그것을 벗어놓은 것을 보면 마치 뱀이 허물을 벗어놓은 것같이 보인다.

그러나 버선은 발을 감싸면서도 발의 생김새를 따르지 않고 철저하게 독자적인 형태와 선을 만들어낸다. 그러므로 버선은 신지 않고 그대로 놓아두어도 그 형태가 무너지지 않는다. 그래서 발에 신는 양말인데도 버선은 실내장식으로 꾸며도 손색이 없을 정도로 특이한 개성을 지닌다. 발목과 앞부리의 완만한 두 곡선이 기와의 추녀 끝처럼 기막히게 마주쳐 살짝 위로 솟아오른 버선코의 섬세한 형태, 그것은 멋없이 불쑥 튀어나온 엄지발가락과는 상관없이 디자인된 추상적 선을 그려내고 있다. 뒤축과 뒤꿈치의 비율이나 회목과 버선목의 길이나 둘레도 모두가 다 발의 인체 공학에서 일탈된 형태를 하고 있다. 한마디로 말해 한국의 버선은 발의 미메시스가 아니라는 데 그 아름다움이 있다. 버선이 무엇인지 잘 모르는 외국인들은 발에 신는 것이라고 생각하기 힘들 지경이다. 옛날 일본 귀족들이 한국의 버선을 보고 그것을 머리에 쓰고 다녔다는 농담도 생겨났다. 에도 시대 때의 모자 에보시烏帽子가 버선 모양을 하고 있었기 때문이다.

이미 여러 곳에서 언급한 대로 넉넉하고 융통성 있는 것을 좋아한 한국인들은 무엇이든 한 치의 에누리도 없이 꼭 들어맞는 것을 좋아하지 않았지만 버선만은 예외였다.

버선은 치마나 바지처럼 헐렁하지 않고 꼭 조이게 함으로써 발 모양과 다르게 꾸미려 한 것이다.

그래서 한번 신으면 좀처럼 벗어지지 않는 것이 버선이다. 어머니가 나들이에서 돌아오면 어린아이들이 달려들어 제각기 한쪽씩 버선목을 끌어안고 잡아 빼다가 엉덩방아를 찧기도 한다.

버선, 그것은 인체의 약점을 역전시키는 한국 디자인 감각의 원형이다. 그러기에 한국의 문학작품에서는 서양 문학에서 잘 찾아볼 수 없는 발의 수사학이 등장하게 된다. 춘향이는 오이씨 같은 작은 버선발로 사뿐히 걸어 나올 때 그 미의 극치를 보이게 된다.

미란 아름다운 것을 강조하기보다 못생겼다고 생각되는 것을 아름답게 꾸밀 때 보다 큰 효과를 갖게 된다.

베갯모

우주와 사랑의 꿈

프로이트는 억압된 성의 잠재의식으로부터 생겨나는 것이 꿈이라고 했다. 그리고 그 꿈을 분석하기 위해 평생을 바쳤다. 그러나 옛날의 한국 사람들, 그중에서도 한국의 소박한 여인들은 꿈이란 베개에서 생겨나는 것이라고 생각했다. 그리고 그 꿈을 만들어내고 가꾸기 위해서 일생 동안 정성을 들여 예쁜 베갯모에 수를 놓았다.

《고려도경高麗圖經》에는 "흰 모시로 자루를 만들고 그 속에 향초를 채우고 양쪽 마구리에는 실로 수를 놓았는데 그 무늬가 참으로 정교하고, 붉은 감으로 장식한 것이 연꽃잎과 같다"라고 쓰여 있다. 그 수침이 얼마나 아름다웠겠는가. 눈에 선

하다. 베개는 머리로 베고 자는 것이기 때문에 인체의 비율로 보아 결코 큰 물건이 아니다.

베갯모 역시 작은 원이나 네모난 공간 위에 새겨놓아야 한다. 또한 베갯모는 침실에서 쓰는 침구다. 비단옷처럼 나들이를 하거나 뭇 사람들 앞에 보이는 예장 같은 것이 아니다. 은밀하고 어두운 곳, 가장 가까운 사람끼리 같이하는 자리에 있는 것이다.

프로이트의 꿈과 마찬가지로 베개의 꿈도 성적인 것과 무관하지 않다. 그러나 베갯모에 수놓은 섹스는 뒤틀리고 억압되고 음산한 포장 뒤에 가려진 것이 아니라 밝고 정교하고 풍요롭다.

때로는 한 쌍의 봉과 일곱 마리의 새끼 봉이 한데 어우러져 있는 구봉침九鳳枕이 되기도 하고, 복 복 자 '福'를 닮은 박쥐의 문양으로 나타나기도 한다. 그 근엄하고 현학적인 딱딱한 한자까지도 베갯모의 작은 우주 안으로 들어오면 마치 한 폭의 꽃이나 오월의 나뭇잎처럼 현란한 색채로 피어난다. 부귀다남富貴多男 같은 길상어문吉祥語紋의 장식이 그것이다. 베갯모의 성牲은 다남, 다산의 풍요성만이 아니라 해, 구름, 산, 물, 돌, 사슴, 학, 거북, 소나무, 불로초 등의 십장생 무늬처럼 장수의 이상향으로 펼쳐지기도 한다.

십장생도는 한국의 생활 용구 어디에고 그려져 있는 것이지만 베갯모에 그려졌을 때만큼 생생하지 않다. 그것들은 현실이라기보다 모두 꿈속에서 본 것 같은 판타지의 산물이기 때문이다.

정말 베개를 베고 누워 있으면 십장생들이 한데 어울려 살고 있는 풍경이 보인다. 빨갛고 동그란 해와 달이 함께 뜨고 불로초를 물고 있는 사슴 위로 흐르는 이상한 구름 무늬, 꾸불꾸불 구부러진 소나무 등걸은 거북이 잔등이와 어우러져 향그러운 바람을 몰고 오는 단정학과 한 식구가 된다. 이것이 우리 조상들이 몇백 년을 두고 꿈꾸어온 환상의 리스트다.

베갯모 위에 수놓인 것 중에 외톨박이란 없다. 모두가 한 쌍이다. 원앙처럼 둘이 하나가 되는 화합의 세계, 작은 베갯모 속에 모든 행복과 가족이 그리고 우주가 응축된 꿈이 숨어 있다.

병풍

움직이는 벽

일인칭을 두문자로 시작하는 서구 문화는 너와 나를 가르는 벽에서부터 시작된다. 그리스의 오이디푸스 신화가 상징하는 것처럼 서구 문화는 "너는 누구인가"(스핑크스의 물음)와 "나는 누구인가"(오이디푸스의 자기 추적)의 바로 그것이다. 그러므로 자아의 문화는 벽 쌓기 문화로서 방과 방을 나누는 방벽과, 도시와 도시를 분리하는 성벽에 의해서 지탱된다.

벽을 어떻게 튼튼하게 쌓느냐 하는 그 이상理想을 가장 완벽하게 실현시킨 것이 사면이 벽으로 된 지하실 구조다. 프라이버시를 중시하는 풍습도, 타자를 배제하는 감금의 형벌 문화도 그리고 시와 철학을 낳는 공간까지도 모두가 지하실의 두꺼운 벽에서 이루어진다.

도스토옙스키의 언어들은 지하실의 습기 찬 벽에서 태어나고 에드거 앨런 포의 명석한 지성도 지하실 벽에서 우는 검은 고양이의 울음소리에 의해 탄생한다.

그러나 한국의 주거 공간에는 지하실이라는 것이 없다. 동양인이 이상으로 삼은 벽은 병풍이었다.

시인 묵객들은 간단히 병풍을 둘러침으로써 외부와 구분되는 내부의 공간을 만들어냈다. 그렇다. 인간이 만든 벽 가운데 가장 가볍고 신축성 있는 벽이 바로 병풍일 것이다. 지하실 벽을 허물려면 대지 전체를 뚫어야 하지만 병풍은 그냥 접기만 하면 된다. 그게 10곡 병풍이든 12곡 병풍이든 접으면 곧 하나가 된다. 펴면 벽이 되고 접으면 허물어져 트인 공간이 된다.

화조 병풍을 두르면 '나'는 신랑이 되거나 신부가 되고, 문방구 병풍을 두르면 선비가 된다. 그리고 산수 병풍을 두르면 유유자적하는 은둔 거사로 변한다. 열 개의 병풍에는 열 개의 나我가 있다. 열 개의 병풍에는 열 가지 다른 공간이 있다.

서양 사람들도 벽을 아름답게 장식한다. 그래서 회화의 발달은 벽의 장식과 떼어내어 생각할 수 없다. 그러나 병풍은 벽에다 붙인 그림이 아니다. 벽 그 자체가 그림인 것이다.

같은 그림이라도 두 쪽을 펴놓을 때와 세 쪽을 펴놓을 때는 전연 다른 구도가 된다. 병풍의 그림은 펴고 접을 때마다 수시로 달라지기 때문에 한 자리에 걸어놓은 벽 위의 그림과는 다르다. 보고 싶지 않을 때는 접으면 되고 보고 싶을 때에는 펴면 된다. 병풍은 움직이는 그림을 펼치는 벽이다.

신랑, 신부의 사랑을 만들어준 공간도 그 병풍이었고, 산 자와 죽은 자를 갈라놓는 초상집의 공간도 그 병풍에 의해서다. 셰익스피어는 기저귀와 수의로 인간 전체의 삶을 보여주려고 했지만 한국인의 생은 병풍에서 시작하여 병풍으로 끝난다. 아니다. 죽은 후에도 병풍이 있어야 망령들은 제사 음식을 얻어 먹을 수가 있다.

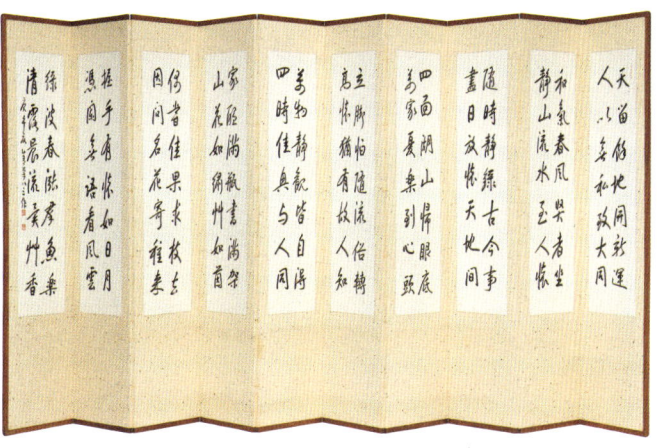

보자기

탈근대화의 발상

자본주의는 물건의 소유에서부터 시작된다. 상자, 장롱, 창고 등은 자본주의가 낳은 알들이다. 소유할수록 상자는 커진다. 집도 커다란 상자가 아니고 무엇이겠는가.

자본주의의 발달은 움직이는 상자를 만들려는 꿈으로부터 시작된다. 단순한 소유의 축적이 아니라 그것을 안으로 끌어들이거나 밖으로 운반하려는 욕망으로부터 시장의 원리가 생겨난다.

그래서 서양 사람들은 가방을 만들었고 한국인(동양인)들은 보자기를 탄생시켰다. 가방의 원형은 상자다. 그러니까 들고 다닐 수 있는 상자가 곧 가방인 것이다. 기능만을 첨가한 것에 지나지 않는다는 것을 한눈으로 알 수 있을 것이다. 즉 가방의 원형은 궤짝을 들고 다닐 수 있도록 손잡이를 단 것에 지나지 않는다. 그래서 물건을 많이 넣었을 때나 적게 넣었을 때나 혹은 아예 물건을 넣지 않았을 때라 할지라도 가방 자체의 크기와 형태는 변하지 않는다. 들어 있는 것과 관계없이 가방은 어디까지나 가방인 것이다.

하지만 보자기는 싸는 물건의 부피에 따라 커지기도 하고 작아지기도 하며 물건의 성질에 따라 그 형태도 달라진다. 때로는 보자기 밖으로 북어 대가리 같은 것이 삐져나오기도 하고, 때로는 사주단자처럼 반듯하고 단정하게 아름다운 균형을 만들어내기도 한다.

그러다가도 풀어버리면, 그리고 쌀 것이 없으면 3차원의 형태가 2차원의 평면으로 돌아간다. 가방과는 달리 싸는 물건에 따라 모습이 달라진다. 네모난 것을 싸면 네모꼴이 되고 둥근 것을 싸면 둥글어진다.

가방과 보자기의 차이는 단일성과 다의성多義性이라는 기능면에서도 드러난다. 가방에 걸리는 동사는 '넣다'이지만 보자기는 '싸다', '쓰다', '두르다', '덮다', '씌우다', '가리다' 등 헤아릴 수 없이 많다. 도둑이 '쓰고' 들어와서 '싸 가지고' 가는 것이 보자기다. 그러다가 철조망에 긁혀 피가 흐르면 이번에는 그것을 끌러 '매'면 되는 것이다. 복면도 되고 가방도 되고 붕대도 된다.

이 융통성과 다기능. 만약에 모든 인간의 도구가 보자기와 같은 신축 자재의 기능과 콘셉트로 변하게 된다면 현대의 문명은 좀 더 융통성 있게 달라졌을 것이다. 아마 자동차도 사람이 탈 때와 내릴 때 그 모양이 달라졌을 것이다. 타고 내릴 때마다 보자기처럼 개켜지는 자동차가 있다면 얼마나 편할 것인가!

만약 모든 도구, 모든 시설들이 가방이 아니라 보자기처럼 디자인되어 유무상통有無相通의 철학을 담게 된다면 앞으로의 인류 문명은 좀 더 인간적이고 좀 더 편하지 않겠는가. 보자기에는 탈근대화의 발상이 숨어 있다.

부채

계절을 초월한 아름다움

한국인들은 유난히 부채를 애용한 것 같다. "고려 사람들은 겨울에도 부채를 갖고 다닌다"라는 《고려도경》의 기록을 보더라도 결코 더위를 많이 타서 그랬던 것은 아닌 모양이다. 즉 한국인들이 부채를 좋아했던 것은 실용성 때문만이 아니었던 것이다.

하로동선夏爐冬扇이라는 말처럼 인간의 도구를 오직 실용적 기능성만을 갖고 평가한다면 여름의 화로나 겨울의 부채처럼 쓸모없는 것도 없을 것이다. 그러나 이 세상에는 어떤 도구이든 실용성만으로 이루어진 것은 없다. 칼과 방패라 할지라도 전쟁이 없을 때는 실용성을 잃고 벽걸이로서 장식품 역할을 한다. 그러기 때문에 기능을 승패의 관건으로 삼는 냉혹한 무기 역시도 실용성을 넘어선 장식성을 요구하게 된다. 호메로스의 〈일리아드〉에 나오는 아킬레우스의 방패가 그렇지 않은가.

여름의 부채라 하더라도 부치지 않을 때는 겨울의 부채와 다를 것이 없다. 그러므로 부채가 부채로서 존재 이유를 갖는 것은 계절을 초월해 있는 것이다. 특히 쓰지 않을 때는 접어 두었다가 필요한 때는 펴서 부치는 접선(또는 합죽선)이야말로 기능과 장식이 공존하는 인간 도구의 이상적 형태라 할 수 있다. 원래 접는 부채가 아니라 단선團扇이라 하더라도 부채의 면은 넓기 때문에 그 위에 그림을 그려 감상할 수 있는 작은 화랑의 구실을 한다. 그뿐만 아니라 부채는 다목적 기능을 갖고 있어서 때로는 베일 같은 얼굴 가리개 역할을 하기도 하고(단원의 풍속도에는 부채로 얼굴을 가린 장면이 많이 등장한다) 춤이나 판소리의 연희 도구 그리고 무당들의 무구로서도 사용된다.

민예품들이 다 그렇기는 하지만 특히 합죽선의 경우 실용성보다 그 예술성이 얼마나 더 중시되는가 하는 것은 그것을 만드는 제작 과정을 보면 알 수 있다. "합죽선을 만드는 일은 대밭을 고르는 데서부터 시작"된다고 한다. 물이 들거나 인가 가까운 대밭은 빛깔이 좋지 않아서 못 쓰고 대를 벨 때도 정성을 들이지 않으면 흠이 가서 대 빛깔이 흑변하여 못 쓰게 된다고 한다. 베는 철도 따로 있어서 백중을 전후한 음력 7월 한 달이 아니면 9월 그믐에서 이듬해 2월까지라야 한다는 것이다. 이렇게 해서 만들어진 합죽선은 바람을 부친다는 기능을 다 빼내어도 그 형태나 색채 자체만으로도 존재 이유를 잃지 않는다. 오늘날의 전자제품들, 부채를 대신하고 있는 선풍기나 에어컨은 계절이 바뀌거나 고장이 나서 못 쓰게 되면 한낱 추악한 넝마로 변해버린다.

옛날의 도자기들이 실용성을 잃어도 여전히 빛을 잃지 않고 골동품으로 애지중지되는 것은 단순히 옛날 것이라는 역사성 때문이 아니다. 부채는 겨울에도 부채인 것이다.

붓

정신의 흔적

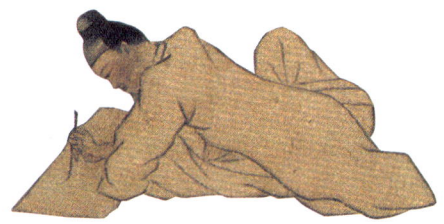

의미는 흔적을 통해서 전달된다. 해변의 모래톱에 찍힌 흔적들을 보면서 우리는 그 위에 앉아 있던 물새와 몸을 숨긴 조개들의 작은 드라마를 읽는다. 인간이 만든 글자 역시 이 생명의 해변 위에 찍어놓은 많은 흔적들의 하나인 것이다.

흔적, 말하자면 어떤 자국을 일부러 남기기 위해서는 모래판같이 부드러운 것 위를 손가락처럼 딱딱하고 뾰족한 것으로 긁어야 한다. 그래서 '글'이란 말이 '긁다'라는 동사에서 나온 것이라고 주장하는 언어학자도 있다.

일본말에서도 '쓰다'의 '가쿠 かく'와 '긁다'의 '힛카쿠 ひっかく'는 그 음이 비슷하고 영어의 '라이팅 writing' 또한 '긁다 scratch'라는

어원을 지니고 있다. 호랑이가 자기의 영토를 표시하기 위해서 나무 등걸을 발톱으로 긁어 자국을 내듯이 인간이 의미의 흔적을 만들어낸 최초의 붓은 손톱이었을 것이다.

그것이 차차 뼈나 나뭇가지 같은 것이 되고, 그것들을 오래오래 간직해두기 위해서 돌과 점토판 위에 좀 더 딱딱하고 날카로운 쇳조각으로 새기게 되었을 것이다. 그래서 '긁다'는 '새기다'가 되고, 흔적의 의미는 각인의 의미로 바뀌어간다. 종이가 발견되고 나서는 '새기다'가 '쓰다'로, '각인하다'는 '필적'이란 말처럼 흔적을 남기는 것이 된다. 이렇게 쓰는 역사를 살펴보면 서양의 철필과 동양의 붓이 어떻게 다른가를 분명하게 알게 된다.

철필이나 볼펜에 힘을 주어 쓰면 어떻게 될 것인가. 종이는 금세 찢어지고 말 것이다. 철필로 쓴다는 것이 쓰는 것이 아니라 긁는 것이라는 증거다. 그러므로 철필이나 볼펜으로 쓴 글씨는 의미의 흔적을 보일 수는 있어도 그것을 쓴 정신의 흔적은 보여줄 수가 없다. 펜글씨는 엄격하게 말해서 필기구의 자국이기 때문이다.

그러나 붓은 아무리 힘을 주어 써도 종이가 찢어지는 법이 없다. 이미 붓은 손톱의 연장이 아닌 것이다. 붓은 부드럽기 때문에 모든 힘을 받아 전달한다. 섬세하고 오묘한 정신의 리듬까지 전달할 수 있는 것이다. 쇠로 된 펜이 정신의 부도체라고 한다면 붓은 그것을 전류처럼 흐르게 하는 양도체라고 할 수 있다. 그래서 부드러운 붓을 잡은 손을 움직이려면 어깨에 힘을 주어야 하고 어깨에 힘을 주려면 가슴에 힘을 주어야 한다. 그리고 가슴에 힘을 주려면 허리에 힘이 있어야 하며 그 허리가 힘을 받으려면 그것을 떠받치고 있는 발끝이 튼튼하게 땅을 딛고 있어야 한다.

붓글씨는 땅을 딛고 있는 발끝에서, 말하자면 땅의 힘으로부터 나오지 않으면 안 된다는 추사 김정희의 서화론書畵論대로, 쓴다는 것은 온몸의 힘을 받는 흔적인 셈이다. 그것은 이미 의미가 아니라 정신 그 자체를 나타내는 흔적인 것이다. 일본 사람들이 날카로운 칼을 만들어 '베기'의 문화를 만들고 있었을 때 한국인들은 최고로 부드러운 붓을 만들어 '쓰기'의 문화(선비 문화)를 만들어갔다. 그것이 바로 중국인들도 탐했던 한국의 붓, 족제비 꼬리털로 만들었다는 황모필이었다.

서양의 철필은 볼펜으로, 볼펜은 다시 타이프라이터와 워드프로세서로 바뀌면서 쓰는 문화는 찍는 문화로 옮겨가고 있다. 하지만 종이 위의 글씨는 긁는 것도 새기는 것도 찍는 것도 아니다. 쓰는 것이다. 백이면 백이 다 같은 흔적 위에 존재하는 복사 문화만큼 황모필과 대립되어 있는 문화도 아마 없으리라.

사물놀이

우주와 사계절의 소리

한국의 리듬악기로서 대표적인 것이 징, 꽹과리, 북, 장구다. 이 네 가지로 구성된 것이 사물놀이로서 한국의 민속음악의 특성을 가장 잘 나타내준다.

사물놀이의 소리를 듣고 있으면 저절로 어깨춤이 나고 신바람이 돋는다. 생동감 있는 박력과 리듬이 어디에서 생겨나는 것인지 객관적으로 분석하기에는 힘이 든다.

사물놀이는 천지 오행을 다스린다는 의미의 악기 구성이라고 한다. 꽹과리는 번개로 하늘의 문을 여는 소리이고, 북은 바람이며 장구는 비, 징은 구름으로 천지를 평정하는 소리라고 말한다.

그러나 그것은 단순히 그 소리를 은유적으로 나타낸 것일 뿐 오행의 이치에 잘 어울리는 설명은 아니다. 음양오행의 원리로 풀이하자면 투명한 장구 소리는 봄의 소리이고, 크고 널리 퍼지는 북소리는 여름의 소리라고 할 수 있다. 가죽이라는 유기물 구성 요소가 내는 소리를 방위로 나타내자면 장구는 해가 뜨는 동쪽이고 북은 내내 해가 드는 남쪽이라고 할 수 있다. 모두가 양에 속한다.

금속이라는 무기물을 재료로 삼은 꽹과리와 징은 쇳소리를 내는데, 오행으로 치면 가을과 겨울, 방위로 나타내면 서쪽과 북쪽을 가리킨다. 모두가 음에 속한다고 할 수 있다.

생명이 열리는 유기물의 소리와 생명이 조락하고 굳어지는 무기물이 서로 섞이면서 계절처럼, 사방위처럼 그 리듬이 순환된다. 사물의 타악기 소리를 발생시키고 순환시켜 생동하는 조화를 만들어내는 것은 다름 아닌 연희자, 즉 사람이다. 음양오행설에 따르면 양과 음을 전환시키는 중앙 토土에 속한다고 할 수 있다.

사물놀이의 타악기들이 모두 둥근 모양을 하고 있는 것처럼 그 소리와 가락도 둥글게 둥글게 돈다. 그것은 작은 우주다. 인간의 생명은 이 음향의 우주론 속에서 메아리를 이룬다. 장구 소리는 북소리로 증폭되고 꽹과리 소리는 징의 울림으로 확산된다. 동시에 쇳소리는 땅에 떨어져 부서지고 가죽 소리에 의해서 다시 상승의 양력을 얻는다.

사물놀이를 듣는 사람들은 뺑뺑이질을 하는 것처럼 회전 순환하고 상승 하강한다. 강렬한 리듬을 타고 현기증 같은 어지러움 속에서 신들린 경지로 빨려든다. 하늘이 돌고 땅이 돈다. 네 개의 심장이 뛰는 소리다. 원초의 생명력을 흡인하는 블랙홀이다.

사물놀이는 소리로 듣는, 온몸으로 듣는 한국의 우주론이다.

상

억제와 해방의 미각

중국 사람만 해도 서양과 다름없이 식탁에서 식사를 한다. 바닥에 앉아서 상을 차려다 놓고 음식을 먹는 것은 한국인과 일본인뿐이라고 한다. 16세기 말엽 일본에 왔던 선교사 루이스 프로이스 Luís Fróis는 일본과 서양의 문화를 비교하는 자리에서 "우리들의 식탁은 음식을 차리기 전부터 놓여져 있지만 그들(일본인)의 식탁은 음식을 차린 뒤 부엌에서 가지고 나온다"라고 적고 있다. 뻔한 말 같지만 상과 식탁의 본질을 정확하게 꿰뚫은 지적이다. 서양의 식탁은 식사를 할 때나 하지 않을 때나 식탁 그 자체로 존재한다. 그러나 상은 먹을 때에만 나타나고 다 먹고 나면 빈 그릇처럼 비어서 물러간다. 이불,

요처럼 상은 일정한 공간 속에 놓여 있는 것이 아니라, 공간 그 자체를 만들어내는 역할을 한다. 이불을 펴면 침실이 되듯 상을 들여오면 식당이 된다.

그뿐만 아니다. 상의 종류에 따라 가족이나 사회 성원의 계층과 그 성격이 형성된다. 독상을 받는 사람은 그 집안에서 가장 높은 사람이고, 겸상을 하는 사람들은 약간의 평등성을 띤 수평적 관계의 그룹이다. 그리고 상을 물린 다음 그것을 받아 먹는 2차 집단은 신분이 가장 낮은 사람으로서 아녀자와 하인이다.

여럿이서 둘러앉아 함께 식사를 하는 식탁에서 민주주의가 생겨났다면 따로따로 나뉘어진 밥상에서는 봉건주의의 신분 사회가 형성되었다고 할 수 있다. 그러나 다른 시각에서 관찰하면 밥상은 봉건사회에서는 봉건사회대로의 윤리를, 그리고 민주주의 시대에는 민주주의적 평등성과 자율성을 나타내는 훈련 공간이라는 것을 알 수 있다.

가령 윗사람들은 혼자 독식을 하지 않고 상을 물려받을 사람을 위해서 음식을 남기는 극기 훈련을 한다. 생선 토막을 뒤집지 않는 것은 양반들의 식사 예법 가운데 하나다. 다른 쪽에 붙어 있는 생선을 상물림 한 사람들이 먹도록 하기 위해서다. 상은 이러한 봉건 윤리로 민주적인 훈련을 할 수 있는 기회를 제공한다.

무엇보다도 서양의 식탁은 하나라 할지라도 막상 먹는 음식 접시는 각자의 것으로 나누어져 있다. 그러나 한국의 겸상은 모든 반찬을 동시에 차려놓고 여럿이서 함께 먹는다. 서로 양보하고 상대방과 협력을 하지 않으면 절대로 그 식사는 불가능해진다. 그래서 밥상을 받을 때마다 서로 억제하고 양보하면서 함께 같은 음식을 공평하게 나누어 먹는 민주적인 훈련을 쌓게 된다.

특히 서양의 음식은 전식, 본식, 후식으로 나뉘어 있어서 서론, 본론, 결론처럼 순서가 짜여 있는 논문을 쓰듯이 식사 코스가 진행되지만, 한국의 상은 한꺼번에 차려놓고 자기 취향대로 그 순서를 선택한다. 자율적 선택이 어느 식탁보다 자유롭다. 10첩 반상의 현란한 음식 위를 젓가락이 왕래하는 순서는 룰렛 판을 굴러가는 구슬처럼 예측 불가능하다. 꽃을 찾아다니는 나비와도 같이 자유분방하다. 정해진 코스가 없이 각자가 자기 뜻대로 음식을 골라 먹을 수 있는 것이 한국 상의 특성이므로 음식을 많이 차려 그 선택의 폭을 최대한으로 늘려주어야만 한다. 자기 식성껏 골라 먹도록 하는 것, 이것이 개인의 자유를 살린 한국 밥상의 다양성이기도 하다.

서까래

안과 바깥의 매개 공간

한국의 마루는 바깥과 안을 잇는 매개적인 공간이다. 밖에서 방 안으로 들어오거나 안에서 밖으로 나갈 때 우리는 반은 방 같고 반은 한데 같은 마루의 양의적 공간을 통과하지 않으면 안 된다. 그래서 빛도 바깥과 방 안의 중간인 어슴푸레한 반영半影이 된다. 마루의 건축적 특성도 내부와 외부의 중간적인 성격을 띠고 있다. 바깥 공간은 개방적이고 그 구조가 모두 노출되어 있는 것이 특색이다. 흙이나 돌, 그리고 뜰의 나무와 같이 자연 그대로의 것으로 꾸며진다. 이와는 달리 내부 공간은 종이나 천 같은 가공된 소재에 의해서 폐쇄되어 있고 건축 구조물들도 모두 감춰진다. 천장은 완전히 반자로 가려져 있고 바닥은 장판지로 덮여 있다. 기둥 역시 도배지로 발라져 보이지 않는다. 그러나 마루는 반은 노출되고 반은 은폐되어 있다. 자연과 문화가 접경을 이루는 공간이다. 문도 자유로이 떼낼 수 있는 분합문으로 되어 있어서 떼기만 하면 막바로 바깥 공간으로 통할 수 있다. 그래서 반투명체인 발이 어울리는 공간이다.

마룻바닥은 장판지가 아니면 흙바닥인 양극단이 아니라 나무판으로 깔려 있다. 그리고 기둥 역시 밖으로 드러나 있는데 나무 형태의 일부를 그대로 살리면서도 전체적으로는 반듯하도록 깎아놓은 양면성을 갖고 있다.

대들보는 마루의 구조를 형성하는 중요한 요소로 겉으로 드러나 보이도록 되어 있으며 그 굵기가 집 전체의 무게를 결정한다. 대들보의 생김새는 거목의 등걸을 그대로 옮겨다 놓은 것 같지만 서양의 통나무집처럼 껍질이 붙어 있는 생목은 아니다. 자연을 살리면서도 그 속에 인간의 정신을 각인한 것으로 샐러드처럼 풋것 그대로의 맛이 아니라 김치처럼 잘 발효된 맛에 비길 수 있다. 그러니까 뜰과 같은 바깥 공간의 나무처럼 생나무가 아니라 목수의 손이 간 목재다. 그리고 방 안의 나무는 펄프로 가공되어 완전히 문화적으로 변형된 종이다. 수목 - 목재 - 종이의 재료 구성은 마당 - 마루 - 방의 세 공간을 형성한다. 이 같은 마루의 매개 공간을 가장 특징적으로 잘 나타내고 있는 것이 서까래다. 방 천장처럼 지붕의 구조가 반자 종이로 가려져 있는 것이 아니라 그대로 노출되어 지붕을 떠받치고 있는 서까래의 형태와 그 힘을 직접 볼 수 있다. 물론 완전히 노출된 것이 아니라 반쯤 흰 회칠을 한 천장에 묻혀 있다. 대청마루에서 서까래를 올려다보면 하늘로 향한 지붕의 동선을 읽을 수가 있고 동시에 안에서 바깥 처마로 이어진 선을 따라 담 너머 산의 능선이 보인다.

서까래는 통나무 그대로의 모양을 약간 깎은 것으로 그 자체가 자연과 문화의 접경을 이루고 있다. 서까래들은 자연의 곡선을 가지고 있으면서도 가장 인공적이라 할 수 있는 기하학적 선으로 짜여 있는 데서 독특한 아름다움을 갖는다. 평행귀서까래와 말굽서까래 그리고 부챗살처럼 펼쳐져 있는 선자서까래는 모두가 자로 그은 듯한 형을 이룬다. 그러나 선 하나하나는 자연 그대로의 곡선을 가진 나뭇등걸이다. 그러므로 마루에 누워 있으면 방 안에서도 바깥에서도 맛볼 수 없는 복합적인 분위기를 느끼게 된다. 서까래는 텅 빈 허공에 뼈의 구조를 부여한다. 한국인은 하늘의 모습을 그렇게 구조화한 것이다.

수저

짝의 사상

젓가락은 한국, 중국, 일본 등 동양 3국의 문화를 상징하는 식사 용구다. 왜 서양 사람들은 포크와 나이프로 식사를 하는데 동양 3국에서는(베트남에서도 젓가락을 쓴다) 젓가락을 사용하는가? 보는 시각에 따라 각기 다른 대답이 나올 수 있지만 우선 분명한 것은 서양에서는 요리가 덩어리째 나오고 동양에서는 미리 썰어져 나온다는 차이 때문이라고 할 수 있다. 만약 같은 비프스테이크라도 우리나라 불고기처럼 미리 잘게 썰어서 재운 것이라면 포크나 나이프는 필요치 않을 것이다. 양복점 재단사도 아닌 불갈빗집 아르바이트생이 가위를 들고 나오는 것도 그 때문이다. 자기가 먹을 것을 자기가 알아서 썰어 먹는다면 우리라 해도 별 수 없이 전쟁터에 나가는 사람들처럼 식탁에서도 삼지창(포크)과 칼로 무장을 하지 않을 수 없었을 것이다.

양식 앞에 나서면 네가 알아서 먹으라는 식이다. 양념도 간도 미리 맞춰주지 않는 것이 서양의 음식이다. 소금도 드레싱도 다 자기가 알아서 친다. 서양 음식에는 결국 어머니적인 요소가 부족하다는 이야기이기도 하다. 음식을 만든 사람과 그것을 먹는 사람이 따로따로 노는 서양에서 개인주의가 일찍 생겨난 것도 당연한 일이다.

음식은 어머니의 젖가슴으로부터 시작된다. 인간 최초의 식사는 바로 어머니 품에 안겨 어머니가 먹여주는 젖이다. 음식의 근본 원리는 이렇게 먹여주는 모자 커뮤니케이션의 형태를 띠고 있다. 그것을 확대하면 제 손으로 썰어 먹는 것이 아니라 남이 썰어준 것을 집어먹는 그 젓가락이 된다. 더구나 젓가락 자체의 형태와 구조가 짝으로 되어 있어서 너와 나의 상호적 의미를 지니고 있다. 혼자서는, 즉 젓가락 하나만으로는 아무것도 집을 수 없다.

젓가락 문화는 바로 짝의 문화라고 할 수 있다. 젓가락의 아름다움이 있다면 그것은 짝으로 되어 있는 평행 구조에서 비롯되는 것이다. 그런데 이 젓가락이 지니고 있는 짝의 문화를 한층 더 완성된 상태로 끌어올린 것이 바로 한국의 수저 문화다. 중국도 일본도 젓가락을 주로 사용하고 있지만 한국만이 젓가락 옆에 다시 그와 짝을 이루는 숟가락을 놓는다.

우리는 수저가 다 함께 있어야 밥을 먹을 수가 있다. 왜냐하면 음식 자체가 국물과 건더기로 균형을 이루고 융합되어 있기 때문이다. 모든 사물에는 빛과 그늘의 양면이 있듯이 김치 깍두기를 비롯한 한국의 음식은 서양 샐러드나 일본의 단무지와는 달리 건더기와 국물의 음양으로 되어 있다. 건더기의 양은 젓가락이 맡고 국물인 음은 숟가락이 맡는다. 형태도 젓가락은 길쭉해서 양이고 숟가락은 움푹해서 음이다.

수저는 남녀이고 부부이고 고체와 액체의 결혼이다. 수저는 음식을 만들어주는 발신자와 그것을 받아먹는 수신자라는 쌍방향의 커뮤니케이션이다.

신발

문화의 출발점

신발처럼 인간의 몸과 일체감을 이루는 것도 드물다. 말 자체를 분석해보면 잘 알 수 있다. 모자나 장갑은 말할 것도 없고 늘 입고 다니는 옷이라 해도 '쓰고', '끼고', '입는' 주체인 그 몸과 엄격히 구별된다. 그러나 신발만은 신과 발이 서로 구분되지 않고 한 덩어리가 되어 있음을 알 수 있다.

신은 '신다'라는 동사에서 나온 명사다. 그러나 신발의 반대는 맨발로서 아무것도 신지 않은 발을 그렇게 부른다. 그러므로 신발은 맨발과 대립하는 말로서 신을 신은 발이라는 뜻이다. 그런데도 신발짝이라는 말이 있듯이 실제로는 신과 같은 뜻으로 쓰이고 있다. 그러고 보면 신발이 그것을 신은 사람의 식별소로서 신분증 같은 구실을 하는 경우를 많이 볼 수 있다. 신데렐라의 유리구두 이야기가 그 대표적인 예다. 《삼국유사》에도 연오랑과 세오녀가 나란히 신발을 바위 위에 벗어놓고 바다 건너의 나라로 떠나는 이야기가 나온다. 물론 그 신발로써 자신의 신분을 알리려 한 것이다.

신발의 특성은 개인만이 아니라 한 민족이나 인류 전체의 문화에 대한 식별소로서 작용한다. '맨발 = 야만인, 신발 = 문명인'의 기호 체계는 말할 것도 없다. 예전에 극장가의 속어로 시골 관객을 고무신짝으로 불렀던 것도 모두 이 예제에 속한다. 일본인을 쪽발이라고 불렀던 것도 그들이 발가락에 조리 신발코를 끼워 신고 다니는 데서 나온 말이다. 즉 '유리구두 = 신데렐라'처럼 '조리(일본 짚신) = 일본인'의 제유적 관계가 생겨난다. 그렇다면 일본인과 한국인을 비교하기 위해서 짚신과 조리를 비교하면 될 것이다.

짚신도 조리도 다 같이 짚의 종류로 손수 만들어 신는 신이라는 데 그 공통점이 있다. 그러면서도 그 형태나 만드는 방식에는 현저한 차이가 있다. 한마디로 말해서 일본 조리는 바닥만을 짠 짚신이라고 할 수 있다. 반면 한국 짚신은 발을 싸는 복잡한 덮개와 뒷굽까지도 짚 하나로 정교하게 짜여 있다. 짚신이나 조리는 다 같이 특수한 장인의 손에서 이루어진 것이 아니라 평범한 머슴방에서 생겨난 기술인 것을 생각할 때 한국인과 일본인의 기술, 그리고 그 디자인 감각의 원천을 평가할 수 있을 것이다.

기술만이 아니라 디자인에 있어서도 한국의 신에는 특색이 있다. 한국의 신은 그것이 나무든 가죽이든 고무이든 반드시 신발코의 중심점을 지니고 있다. 모든 선, 모든 텍스처가 한 곳으로 모인다. 그러나 거기에서 힘이 뭉쳐 굳어버리는 것이 아니라 오히려 그 뭉친 힘을 풀어 빼낸다. 그것이 뾰족하게 솟은 나막신, 고무신, 버선 등에서 볼 수 있는 그 신발코다.

그런데 짚신은 신발코의 부분에 빈 구멍이 뚫려 있다. 그래서 온갖 짚신의 아름다움은 빈 것을 향해서 응집된 선을 이룬다. 비어 있거나 동그랗게 솟아난 신발코의 미학은 바로 한국인의 문화가 '푸는 문화'라는 것을 증명해준다.

투박한 짚으로 되어 있으면서도 정교한 덮개와 뒷굽 그리고 휑 뚫린 신발코는 바로 한국인의 소박하면서도 섬세한 성격의 식별소가 아니겠는가.

씨름

긴장 속의 탈출구

단원의 풍속화에는 씨름하는 장면이 나온다. 두 장사가 X 자 모양으로 얽혀서 좀처럼 승부를 예측할 수 없는 상태를 이루고 있다. 내기라도 건 듯이 모든 관객들은 씨름판 둘레에 둥그렇게 모여 앉아 긴장의 시선을 던지고 있다. 그러므로 그 그림의 구도는 씨름꾼을 중심축으로 하여 한 곳에 집중된 관객들의 시선이 수레바퀴의 살을 이루고 있다. 팽팽한 긴장이 감돈다. 그 선도 역동적이며 관전하는 한 사람 한 사람의 표정도 보통 산수화에서 볼 수 없는 긴장감을 자아내고 있다.

그런데 바로 이 팽팽한 살을 끊어놓아 하나의 구멍을 뚫어놓은 것이 바로 엿장수의 모습이다. 딴 사람들의 시선은 모두 씨름꾼을 향해 붙박여 있는데 목판을 들고 있는 그 엿장수만은 관객들을 향해 있기 때문이다. 씨름꾼은 서로 상대를 보고 관객은 씨름꾼을 보고 엿장수는 관객을 본다.

그래서 그 시선들은 각기 다른 특색과 획일적이 아닌 분위기를 자아낸다. 이기고 지는 승부의 긴장감 속에서도 엿장수의 가위 소리가 숨 막히는 씨름판에 한 줄기 바람과 같은 웃음을 던져준다. 긴장을 풀어주는 작용을 한다.

안으로 들어갈수록 긴장감은 짙어지고 바깥 주변으로 나갈수록 긴장은 풀어진다. 씨름 자체가 그렇다. 다른 경기는 일거에 맞붙어 숨 쉴 겨를을 주지 않는다. 특히 일본식 씨름인 스모는 닭싸움처럼 일순에 붙어 승패를 가른다. 길어봐야 1분을 넘기지 않는다. 그런데 씨름은 뜸을 한참 들여야 비로소 경기가 된다. 샅바를 매는 것으로부터 시작하여 그것을 잡는 과정에 이르기까지 승강이를 벌인다.

또 스모처럼 단판 시합이 아니라 삼세판 시합이기 때문에 느긋한 데가 있다. 땅에 먼저 몸이 닿는 사람이 지는 것이기 때문에 때로는 판정도 애매할 경우가 많다. 그래서 진 사람도 사실 할 말이 많은 것이 씨름의 특성이다. 샅바가 어떻다느니, 일어날 때 먼저 몸을 굽혔다느니, 말이 많다.

언뜻 보면 불공정한 게임처럼 느껴지기도 하나 사실은 엿장수의 시선처럼 한 가닥 도망갈 구멍이 있기 때문에 패자에게도 설 땅을 준다. 그것이 없다면 오로지 그 승패는 생사와 같이 비정한 긴장감만이 감돌았을 것이다.

샅바를 매는 법을 권투의 글러브처럼 저울로 달 수 없다는 데 씨름의 매력이 있다. 책임의 퍼센트는 긴장감의 퍼센트와 비례한다. 자기가 모든 책임을 쥐고 있을 때 외로움과 긴장 역시 최고의 상태에 이른다.

반대로 자신이 책임을 질 수 없는 일에 대해서는 마음이 가볍고 긴장도 풀어진다. 씨름은 하는 사람이나 보는 사람이나 다같이 긴장을 하면서도 마음을 풀고 느슨하게 바라볼 수 있는 경기다.

연

빈 구멍의 비밀

어느 시인이 천심^{天心}에도 나의 향수^{鄕愁}가 있었노라고 노래한 것처럼 우리 마음속에 그리움으로 남아 있는 연은 한가운데 동그란 구멍이 뚫린 그 네모난 연이다. 연의 이마에는 색깔에 따라 먹꼭지니 홍꼭지니 하고 부르는 원형 모양의 색지가 붙어 있고 연 하부의 양 귀퉁이에는 갈개발이 달려 나부끼고 있다. 그것이 우리가 어린 시절에 곧잘 만들어 띄우던 연, 파란 겨울 하늘을 바라보며 대추나무나 초가지붕 위로 날리던 바로 그 연이다. 그래서 가오리연이나 나비연처럼 따로 이름을 붙이지 않고 우리는 그냥 '연'이라고 불러왔다. 그런데 보통 외국의 경우에는 연이라고 하면 우리와는 달리 구멍이 없는 것을 가리킨다. 벤저민 프랭클린이 구름 위에 연을 날려 전기실험을 하고 있는 과학 교과서의 유명한 삽화를 보아도 그들이 즐겨 띄우는 것은 가오리연이다.

그리고 일본의 경우 간사이 지방에서는 숫제 연을 '이카'라고 부른다. 이카는 오징어를 뜻하는 것으로 가오리와 같은 뜻이다. 왜 유독 우리만 가운데 구멍을 뚫은 연을 좋아했을까? 어렸을 때 그것을 만들어 띄웠던 기억을 더듬어보면 쉽게 알 수 있을 것이다. 가오리연처럼 구멍 없는 연들은 조금만 실수하면 아예 뜨지를 않는다. 치밀하고 정확하게 설계하지 않으면 금세 곤두박질을 하고 땅에 꼬라박는다. 그런데 구멍을 뚫은 한국 연은 좀 어설프게 만들어도 어쨌든 뜨기는 뜨는 것이다. 일단 날려가면서 중심을 잡아준다. 왼쪽이 기울면 오른쪽 갈개발(꼬리)을, 오른쪽이 기울면 왼쪽 갈개발을 길게 하여 균형을 잡아간다. 그뿐만 아니라 연 이마에 있는 살은 조일 수도 풀어줄 수도 있게 되어 있어 얼마든지 조정할 수 있다.

그러니까 아무리 잘못 만든 연이라 해도 균형을 잡아 고쳐주기만 하면 가오리연 같은 것들이 도저히 흉내 낼 수 없는 묘기를 부린다. 가운데 뚫린 구멍 때문에 한국의 연은 돛으로 움직이는 배처럼 지상에서 조종할 수 있는 것이다. 모든 연들이 하늘에 그냥 떠 있기만 할 때 한국 연만은 자유자재로 난다. 그래서 가운데 구멍이 없는 연밖에 없는 일본인들은 우리처럼 '연을 날린다'고 하지 않고 '연을 띄운다'고 한다.

처음부터 완벽하게 만드는 형이 아니라 뒤에 보완하고 그때그때 임기응변으로 고쳐가면서 전차 완성시켜가는 변통술이 바로 한국 연의 특색이다. 가오리연이 치밀하게 계산하고 준

비하는 사전형事前形 기획 문화를 상징하는 것이라면 한국 연은 일이 벌어지고 난 뒤에 조정하고 적응해가는 사후형事後形 변통 문화를 뜻하는 것이라고 할 수 있다.

대강대강이라는 것이 한국인의 단점으로 지적되고 있지만 사실은 그 탁월한 균형 감각과 변통술이 있었기 때문에 꼬치꼬치 따지는 계산을 대수롭지 않게 여겼는지도 모른다.

가오리연은 한국인의 눈으로 보면 융통성이 없는 연으로 보일 수밖에 없다. 계산이 맞지 않아도 뜨는 연, 조정하여 움직임을 줄 수 있는 그것은 네모난 가슴 한복판에 둥그런 구멍 하나를 뚫어놓을 줄 알았던 독창적 발상에서 나온 것이다.

엽전

우주를 담은 돈

가치 기준의 영역을 극명하게 보여주는 중국 고사가 하나 있다. 산에서 활을 잃은 한 현인은 왜 그것을 찾지 않았느냐는 물음에 "나라 안에 있으니 잃을 것이 없도다"라고 말했다. 그 말을 듣고 모든 사람이 감탄을 하자 공자는 "하필 국國이요, 인人이라고 고치면 더 좋았을 것을"이라고 말했다. 사람들이 이 말을 듣고 다시 감탄을 하자 이번에는 장자가 "하필 인人이요, 천지天地라고 하면 좋았을 것을"이라고 했다는 이야기다. 보통 가치의 영역은 개인인 나에 두고 있으나 그것이 넓어지면 나라가 되고, 그것이 더 넓어지면 국경을 초월한 인류, 그리고 그것마저 초월하게 되면 천지의 우주에 달하게 된다.

동양적 가치의 영역은 도가道家의 영향으로 최종 단계인 천지에 기준을 둔 것이 많다. 그래서 개인의 이해관계나 그 입장에서 보면 비현실적으로 느껴지는 일들도 많다. 가장 물질적인 이해관계를 담고 있는 화폐를 보아도 그렇다. 서양의 주화와는 디자인이 근본적으로 다르다. 돈을 주제로 한 조선 시대의 가전체 소설 〈공방전孔方傳〉이라는 제목에서도 보듯이 엽전은 공방, 즉 네모난 구멍이 뚫어져 있고 둥근 모양으로 되어 있다. 두말할 것 없이 둥근 것은 하늘이고 그 안에 들어 있는 네모난 구멍은 동서남북을 가리키는 땅이다. 작은 엽전이 천지의 우주와 통하는 셈이다.

돈은 '천지현황'으로 시작되는 천자문 책과 똑같다. 그 나라를 통치하는 제왕의 얼굴이 각인되어 있는 서양의 주화와는 사뭇 다르다. 여기에서 돈의 가치는 지상의 권능과 왕국을 지배하는 왕에서 비롯된다. 예수가 "황제의 것을 황제에게 주어라"라고 한 말 역시 황제가 그려져 있는 그들의 주화를 생각하면 더 실감나게 들린다. 돈의 신이요 우상은 그 주화에 찍힌 인간의 얼굴인 것이다.

돈이 비록 세속적인 가치를 담은 것이라 해도 동양인들은 천지의 우주 원리로 그것을 묶어두고자 했다. 게다가 '원'과 '방'의 상징성으로도 모자라서 '상평통보' 등의 이데올로기적 메시지를 각인해놓았다. 엽전은 이렇게 지상에서 가장 철학적이고도 종교적인 의미를 담고 있는 돈이다. 그러면서 동시에 가장 실용적인 기능을 가진 디자인을 뽐내기까지 한다. 가운데 네모난 구멍이 뚫려 있어서 끈으로 꿰어 엽전 꾸러미를 만들 수 있기 때문이다. 돈을 넣어두는 상자나 자루가 없어도 엽전은 그것만으로 운반 가능한 집합체를 이룰 수가 있다. 사람의 얼굴이 새겨져 있고 그 돈의 단위를 분명히 밝혀둔 서구의 주화가 사실적이라고 하면 엽전은 추상적이고 관념적이다. 그러므로 그 이데올로기대로 하자면 서양의 주화는 왕국을 잃게 되면 그만이지만, 엽전은 왕국이나 인간이 사라져도 잃을 것이 없다. 그것은 천지에 속해 있으므로 본래의 쇳조각이 되어 대지의 금속으로 돌아간다. 엽전은 돈이면서도 하나의 철광석인 것이다.

윷놀이

우연의 놀이

모든 놀이는 우연성을 지니고 있다. 그래서 우리는 우연성이 가장 많은 도박을 '놀다'의 동사를 그대로 따서 '놀음'이라고 부른다. 전문적인 용어로 하자면 확률이 높은 것보다는 낮은 것이, 그리고 엔트로피 치値가 없는 것보다는 큰 편이 더 신명이 난다. 미리 프로그래밍이 되어 있는 합리적인 행위는 컨베이어 벨트 앞에서 작업하는 노동처럼 따분한 느낌을 주기 때문에 임금을 받지 않고는 하지 않는다. 그러나 화투놀이 같은 것은 돈을 잃어가면서도 밤새는 줄을 모른다. 도박의 성격을 띠지 않은 놀이에서 가장 신나는 것은 윷이다. 윷판이 벌어졌다 하면 금세 흥이 나서 떠들썩해진다. 특히 서양 사람들이 잘 가지고 노는 주사위와 견주어보면 어째서 윷판이 그렇게 신명이 나는 놀이인지를 깨달을 수가 있다.

확률의 계산으로 엔트로피를 따져보면 오히려 윷보다는 주사위가 더 크다는 사실을 알 수 있다. 한 번 던져서 나올 수 있는 수치의 확률은 윷이 도, 개, 걸, 윷, 모의 다섯밖에 되지 않는데 육면체에 각기 숫자를 먹인 주사위는 그보다 수가 하나 더 많다. 그러므로 우연성이나 정보량이 그만큼 더 많다.

그런데도 주사위를 던지는 것과 윷가락을 던지는 것은 아주 딴판이다. 그 이유는 주사위는 한번 던지면 금세 숫자가 순간적으로 결정되지만 윷은 네 개의 윷가락이 땅바닥에 굴러떨어질 때까지는 그것이 도인지 모인지 걸인지 윷인지를 분간할 수가 없다. 정보량은 주사위보다 적으면서도 그 궁금증을 지속시키는 시간은 훨씬 긴 것이다. 마치 사건이 미궁으로 들어간 탐정소설 줄거리의 지연술과 비슷하다.

그렇다. 윷의 재미는 그것이 땅에 하나하나 떨어지면서 굴러가서 엎어지기도 하고 제쳐지기도 하는 그 과정과 지연술에 있다. 윷가락의 정보만이 아니라 말판을 쓰는 규칙이나 구조도 이 지연술을 최대한으로 응용한 것이다. 말판은 앞밭에서 시작하여 뒷밭, 쨀밭, 날밭의 네 귀퉁이로 되어 있고 그 한복판에 방이 있다. 그래서 앞밭에서 방으로 꺾이어 나가면 걸 하나에 윷이면 나갈 수 있으나 방으로 꺾이지 못하고 뒷모에 멈추게 되면 모를 쳐도 나가지 못하는 경우가 생긴다. 가장 나쁜 경우는 쨀밭을 지나 날밭으로 한 바퀴 완전히 밖으로 주유천하를 하는 경우다. 행마가 이렇게 되면 네 모에 해당하는 숫자로도 나가지 못한다. 이렇게 같은 윷가락 수치라 해도 그 진로의 일탈 구조 때문에 자연히 묘를 갖게 된다.

거기에 또 업어갈 수도 있고 잡아먹을 수도 있는 변수가 따르다. 나가기 직전에 뒷덜미를 잡혀 전부가 무로 돌아가는 경우도 있다. 애매성과 우연성이 큰 놀이다. 그러면서도 화투장이 손안에 들어오는 것처럼 전연 운에 맡겨지는 수동성만의 운 놀이도 아니다. 윷을 던지는 것은 경기적인 기예성을 갖고 있다. 그러고 보면 로제 카유아 Roger Caillois가 놀이의 특성을 네 가지 요소로 구분했던 모의, 경쟁, 현기증, 운을 모두 한 놀이 속에 갖추고 있는 것이 윷이라는 사실을 알게 된다. 윷가락을 던지는 숙달된 기술은 칼싸움이나 씨름과 같은 기의 '경쟁'에 속하고, 말판이나 그 규칙의 우연성은 재수에 좌우되는 것으로 도박과 같은 '운'이다.

그리고 윷가락을 던지며 춤을 추거나 소리를 지르는 것은 '현기증'의 엑스터시에 속한다. 모의적인 성격이 가장 작으나 말판의 도, 개, 걸, 윷, 모는 돼지, 개, 양, 소, 말의 가축 걸음을 본뜬 것이라는 설도 있고, 말판의 행마가 동지와 하지의 해의 운행을 모의한 우주 운행이라는 설도 있는 것을 보면 '모의'의 연극성도 없는 것이 아니다. 한 가지 가락이라 해도 엎어지고 제쳐지는 음양의 이항대립에 따라 윷가락의 '랑그'가 결정되고 그것을 통해서 말판의 말을 쓰는 것에 따라 '파롤'이 생겨난다. 소쉬르의 구조언어학과 그 기호 체계가 윷놀이에 그대로 구현되어 있다고 하면, 사람들은 웃을 것인가.

이불과 방석

사람과 함께 있는 도구

서양의 침대는 사람이 누워 있을 때나 일어나 있을 때나 관계없이 한 자리를 차지한다. 사람이 일어나 낮에 활동하고 있을 때에도 침대는 저 혼자 한 공간을 차지하고 누워 있다. 베르사유의 거대한 공간이 루이 14세의 침대를 중심으로 해서 펼쳐진 것도 이 때문이다. 그리고 오디세우스가 돌아간 곳은 고향의 아내라기보다 그가 사용했던 침대였다. 오디세우스가 자신의 침대를 옮겼다는 페넬로페의 말을 듣고 분노를 터뜨리는 장면이 그것을 입증한다. 인간과 관계없이 도구가 독립적인 자리를 차지하고 있다. 오늘날 인간의 편리를 위해 만든 문명의 이기들이 거꾸로 인간을 괴롭히는 모순도 여기서 비롯된다. 그러기 때문에 평화롭게 보이는 침대까지도 본질적으로는 프랑켄슈타인과 다를 바 없다.

그러나 잘 때는 펴고 일어나면 개키는 침대, 말하자면 사람이 일어나면 침대도 따라 일어나는 것이 바로 한국의 요이며 이불이다. 그러므로 식탁이 놓여 있는 식당, 의자가 놓여 있는 응접실, 침대가 놓여 있는 침실… 우리에겐 이렇게 공간이 분절되어 있지 않다. 즉 이불을 깔면 침실이 되고 밥상을 들여오면 식당이 된다.

서양의 의자는 사람이 앉았다 일어나도 없어지지 않는다. 의자 자체가 자기 고유의 독립적인 자세를 지니고 있다. 응접실의 안락의자는 사람이 없어도 뒤로 비스듬히 누워 있다. 등받이와 유려하게 흐르는 팔걸이로 안락한 공간을 만들어내고 있다. 응접실은 이 의자들을 앉히기 위해 있는 공간인 셈이다. 그러나 전통적인 한국인들의 도구관으로 보면 의자처럼 건방진 것이 없다. 사람이 앉기를 원하면 나타났다가 일어나면 그것도 따라 일어나 자취를 감춰야 한다. 그것이 곧 의자와 다른 방석이다.

서양 사람들이 만든 의자는 아무리 고급한 것이라 해도 그 밑바닥에는 스프링이나 천 조각이 있게 마련이다. 침대 밑이나 의자의 밑처럼 지저분한 곳도 없다. 그러나 한국의 요나 방석은 밑에 깔리는 바닥이 겉으로 드러나는 부분보다 더 현란하다. 그 이유는 사용할 때와 사용하지 않을 때에 따라 그 겉과 안의 개념이 뒤바뀌기 때문이다.

개키면 밑에 깔렸던 자리가 거죽이 되어, 지금까지 숨겨졌던 아름다운 무늬와 색채를 드러낸다. 그래서 줄과 열을 맞추어

예쁘게 개켜 올린 이불, 요, 방석은 그 자체가 아름다운 디스플레이의 효과가 있다. 그것은 매일매일 만들어내는 삶의 의식이며 조각이다.

이불장에 쌓여 있는 한국 이불의 이미지는 황진이의 동지 밤 시조처럼 임을 기다릴 때에는 서리서리 넣었다가 임이 오실 때에는 굽이굽이 펴는 바로 그 멋에 있다. 침구이지만 그것은 인간의 긴장과 휴식에 따라 함께 조이고 풀며 기다리고 또 맞이하는 자세가 달라지는 것이다.

장롱

심연의 밑바닥

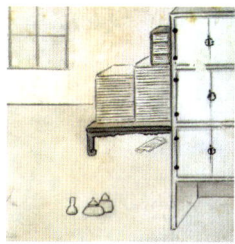

물건을 넣기 위해서 만들어진 것이 장롱이다. 그러나 한국의 장롱을 보면 무엇을 넣는다는 표현보다는 쌓는다는 편이 더 옳을 것 같다. 그렇다. 서양의 양복장은 옷을 걸어두는 곳이지만 한국의 장롱은 옷을 개켜서 쌓아두는 곳이다. 그러므로 마치 우물처럼 깊이라는 것을 가지고 있다. 옷은 맨 밑바닥에 깔려 있는 심층부와 맨 위에 올라와 있는 표층부로 양극화할 수 있다. 마치 지층처럼 켜가 있고 그 켜에 따라 의미의 층도 달리 나타난다. 여름에는 겨울옷이 가장 심층부에 있고 겨울에는 여름 옷가지가 가장 밑바닥으로 내려간다. 이렇게 계절의 순서대로 그 층이 바뀌어가며 순환한다.

장롱 바닥을 이루는 것은 계절의 의미만이 아니다. 바닥에 넣어둔 것은 꺼내기가 힘들므로 귀중한 것일수록 심층부로 내려간다. 그 집안의 가장 귀중한 땅문서나 귀금속은 장롱 깊숙이 닻처럼 드리워져 있다. 그렇기 때문에 한국의 장롱은 별로 크지도 않고 그 키 역시 사람 키보다도 작지만 심연과도 같은 비밀스러운 깊이를 지니고 있다.

한국의 장롱은 한눈으로 그 소장품을 다 볼 수 없다. 그것을 보기 위해서는 장롱의 물건을 하나하나 꺼내 보아야 한다. 보석을 캐는 갱부가 땅을 한 켜 한 켜 파고 들어가듯이 혹은 잠수부가 산호초가 깔려 있는 바다 깊숙이 잠수하듯이 그렇게 장롱에서 물건을 꺼낸다. 남루한 옷, 색바랜 물건이라도 장롱 깊숙이에서 나오는 물건들은 모두 다 조금씩은 신비한 환영을 일으킨다. 과장해서 말하자면 고분을 발굴하는 흥분 같은 것이 있다. 장롱의 밑바닥에는 가장 오래된 시간, 망각된 시간들이 있기 때문에 이미 잊혀졌던 물건들이 놀라움 속에서 나타나기도 하는 것이다.

그러므로 한국의 장롱은 그 종류나 크기에 관계없이 심층구조의 원형을 간직하고 있다. 버선장은 큰 장롱을 줄여놓은 미니어처로 장난감처럼 보이지만 그것 역시 제일 밑바닥에는 우물 속처럼 깊은 심연을 갖고 있다. 농처럼 분리되는 것이든 장처럼 하나의 판으로 된 것이든 그것들은 모두 층을 갖고 있다. 그래서 농의 변별 특징을 이루고 있는 것도 그 층수에 있기 때문에 2층장이니 3층장이니 하고 부른다.

디자인 역시 수평적인 층을 쌓아 올린 형으로 되어 있어서 이미 장롱 자체가 쌓아 올라가는 중복의 리듬을 형성한다. 먹감

나무, 오동나무 결에서 생겨나는 문양이 아무리 불규칙한 자연적 곡선을 보이더라도 한국 장롱의 아름다움은 나무쪼가리로 층을 쌓아간 기하학적인 모자이크에 있다고 할 수 있다. 단순한 반복과 집체성으로 만들어진 한국의 장롱이 때로 거대한 마법의 성처럼 보이는 것은 그것이 열쇠로 잠근 금고와는 달리 접근하기 어려운 심층의 바닥, 간단히 손으로 휘저을 수 없는 깊숙한 바닥을 많은 층 속에 가두어두고 있기 때문이다.

장독대

가정의 제단

옛날의 한국 여성들은 화장대와 장독대의 두 세계에서 자신의 모습을 보았다. 하나는 외면의 얼굴이고 또 하나는 마음의 얼굴이다. 그리고 그녀들은 화장대 앞에서 자신의 아름다움을 가꾸고 지켜갔듯이 장독대 앞에서는 가정의 맛과 화평을 가꾸고 지켜갔다. 장독대가 주부와 그 가정의 내면을 비쳐주는 화장대라는 비유가 조금도 과장된 표현이 아니라는 것은 "장맛을 보면 그 집안을 알 수 있다"라는 한국 속담만 보아도 알 수 있다.

화장대 위에는 여러 화장품들, 분이며 머릿기름이며 향로들이 가지런히 놓여 있지만 장독대에는 장을 담근 크고 작은 장독들이 늘어서 있다. 두말할 것 없이 장은 한식의 기본을 이루는 미각소^{味覺素}로서 그 맛 여하에 따라 그 집안의 모든 음식 맛이 판가름 나게 된다.

그리고 장맛은 단순한 음식 솜씨라기보다 마음의 정성에서 우러나오는 것이라고 할 수 있다. 아무리 장을 잘 담가도 그것이 발효되는 과정에서 간수를 잘못하면 곧 변질되고 만다. 맑은 날에는 장독 뚜껑을 열어 햇볕을 보여야 하고, 비가 오는 날에는 뚜껑을 닫아 빗물이 들어가지 않도록 해야 한다.

그러므로 눈길이 잠시라도 장독대에서 떨어져 있고서는 그 맛을 제대로 낼 수가 없다. 장독대를 향한 마음은 곧 가정을 향한 정성이요 사랑의 맛임을 알 수 있다. 그러면서도 장독대는 가족만 위해 있는 것도 아니다. 가난한 집이든 부잣집이든 한국 장독대의 가장 깊숙한 곳에는 으레 장독 하나가 숨겨져 있게 마련이다. 그것은 귀한 손님을 대접하기 위해서 헐지 않고 아껴둔 가장 맛있는 장인 것이다.

무엇보다도 장독대의 신비는 그것이 이렇게 온 정성을 들여 만들고 지켜온 가정의 보물이면서도 자물쇠로 잠가두는 곳이 아니라는 데 있다. 즉 도둑을 막기 위해 빗장을 걸어두는 곳간이나 벽장과는 다르다는 데 그 공간의 특성이 있다.

서양 사람들이 포도주를 저장하는 지하실 저장고와는 달리 장독대는 밀폐된 공간이어서는 안 된다. 햇볕과 바람이 있는 양지바른 곳이라야만 한다. 그러면서도 장독대는 남의 눈에 잘 안 띄는 뒤꼍 같은 은밀한 곳에 있어야 한다.

햇볕과 바람이 들되 은밀한 곳이어야만 저장이라는 제구실을 할 수가 있다. 그래서 장독대의 공간은 양의성을 가진 시적 공간, 열려 있으면서도 닫혀 있고 빛이 있으면서 동시에 어둠이 있는 모순과 융합의 공간이 된다. 이따금 시집살이 심한 며느리들이 집안 식구들의 눈을 피하여 몰래 눈물을 흘렸던 곳도 바로 그 장독대였고 정화수를 떠 놓고 기도를 올린 신성한 제단 역시 바로 그 장독대였다.

봉선화가 피고 빨간 고추잠자리가 날아오는 고요한 공간, 마치 고여 있는 시간처럼 배가 불룩한 장독마다 한 가정의 평화와 은밀한 이야기를 잉태하고 있는 것이다.

장승

수직과 짝을 염원하는 삶

수십 년 전만 해도 마을 어귀나 호젓한 서낭당 고갯길을 지나다 보면 으레 목장승이 서 있는 것을 볼 수 있었다. 그리고 비바람에 삭아 판독하기 어렵지만 천하대장군, 지하여장군이라고 쓴 글씨의 흔적도 읽을 수 있었다. 돌을 던지며 자기의 소원을 빌고 간 사람들로 인해 장승의 발밑에는 작은 돌무더기가 탑을 이루고 있었다.

그것은 마을 사람들의 소박한 제단이었다. 이제는 번화한 도시, 낯선 외국의 관광객들을 위해 서 있지만 그들은 과연 거기에서 무엇을 읽을 수 있는가.

장승의 독해법은 우선 그것이 서 있다는 당연한 그 자세로부터 시작되지 않으면 안 된다. 그렇다. 그것은 기둥으로서 우리 앞에 나타난다.

그리고 그 기둥은 우리에게 선다는 것, 말하자면 수직적인 생의 열망을 나타내준다. 우리가 이 세상에 태어나 최초로 걸음마를 배우던 때의 소망, 그것은 기둥처럼 척추를 곧추세우고 일어나는 것이다. 발은 땅을 딛고 머리는 하늘을 향한다. 이렇게 해서 선다는 것은 하늘과 땅을 연결하는 우주수宇宙樹의 그 오랜 신화를 재현하는 기억술인 셈이다.

그리고 보면 어째서 장승이 언제나 한 쌍을 이루고 있는지도 분명해진다. 하나는 남자고 하늘이며 또 하나는 여자고 땅이다. 하늘과 땅이 이어지고 남자와 여자가 짝을 이룰 때, 거기에서 하나이면서 둘인 은행잎 같은 조화와 생성의 세계가 펼쳐진다. 이 수직에의 열망과 짝에의 그리움이 바로 장승의 문자이고 한국인의 마음이다.

나무의 죽음은 단순히 톱이나 도끼에 의해 베어졌기 때문에 오는 것이 아니다. 수직성을 상실하고 뗏목이나 혹은 목재소의 목재들처럼 수평적인 자세로 눕게 될 때 나무들은 정말 죽는 것이다. 또한 모든 생명을 가진 것들은 그 짝을 잃게 될 때 죽는다. 그러므로 우리 주변으로부터 장승이 사라져가고 있다는 것은 수직적 삶과 짝의 삶을 잃고 있다는 것을 의미한다. 그것은 달과 별이 사라지고 나비와 원앙새들이 죽어버린 시대다.

장승이 마을 어귀마다 서 있고 마을과 마을의 이정표 구실을 하던 때, 사람들은 그 두 개의 기둥이 하늘의 지붕을 떠받들고 있는 자랑스러운 모습을 볼 수 있었다. 그리고 비가 내려

축축이 대지를 적실 때 땅은 하늘로, 하늘은 땅으로 완성된 기쁨을 지니고 있음을 느꼈다. 그들은 장승처럼 서서 천하대장군과 지하여장군으로 음과 양의 우주 공간을 만들어가고 있었다.

정자

에콜로지의 건축학

한국의 어디를 가든 마을을 안고 흐르는 맑은 강물과 기암절벽이 있는 산언덕에는 으레 정자가 서 있는 것을 볼 수 있다. 그래서 한국의 국토를 순례하던 어느 외국 카메라맨은 사진을 찍으려고 장소를 찾다가 바로 여기다 싶은 곳이 있어 그 자리를 보면 거기에 예외 없이 정자가 서 있었다고 말한 적이 있다.

이렇게 정자의 가치는 그 건축물에 있는 것이 아니라 그것이 서 있는 터에 있다. 에콜로지로서의 건축인 셈이다.

정자만이 아니라 한국인들은 예부터 집보다 집을 짓는 장소성을 더 중시해왔고 그런 공간을 한국인들은 터라고 불러왔다. 그러니까 건축 자체의 설계보다 그것을 세우는 터를 찾아내는 데 더 많은 힘을 기울여왔다. 대궐 궁전에서 초가삼간에 이르기까지, 그리고 절간에서 무덤 하나를 쓰는 데 이르기까지 터의 개념은 한국인에게 종교와 같은 이데올로기였다.

《삼국유사》를 읽어보면 옛날 신라인들은 절을 짓기 위해서 터를 골랐다기보다 좋은 터가 있기 때문에 거기에 절을 세웠다는 사실을 알 수 있다.

무엇보다도 서라벌의 산과 들과 그리고 바다가 한눈에 조화를 이루고 있는 그 신비한 자리에 석굴암이 세워졌던 사실 하나만 가지고도 입증이 된다.

이처럼 건축의 물질성보다도 그 주위의 환경 쪽을 극대화시킬 때 생겨난 대표적인 건축물이 바로 정자다. 그렇기 때문에 정자에는 건축의 본질이라 할 수 있는 벽, 그러니까 안과 밖을 가르는 벽의 개념이란 것이 완전히 배제되어 있다.

이를테면 팔각정에는 벽이 아니라 단지 여덟 면으로 분절된 공간의 개념만이 있을 뿐이다. 그리고 그 여덟 면의 각은 기둥 사이에 여덟 장의 그림과 같은 풍경을 품고 있다. 말하자면 모든 그림이 프레임을 가지고 있듯이 팔각정은 자연 경치의 수틀 노릇을 하고 있는 셈이다. 그래서 자연은 단순한 자연적 상태에서 여덟 기둥에 의해 분절된 하나의 예술작품으로 화하게 된다. 팔각정을 세운 사람들은 사진기가 없었던 시절에 이미 카메라 앵글이라는 사진예술의 창조성을 터득하고 있었던 셈이다.

일본인들은 자연을 자기 뜰 안에 끌어들여 정원예술을 만들었지만 한국인은 직접 밖으로 나가 자연 그 자체를 예술로 만드는 정자의 풍경 미학을 만들어냈다.

정자에 앉아서 보면 자연 자체가 병풍이 되고 정원이 된다. 정자에서 주위의 경치를 떼낼 수 없듯이 인간과 자연이 깊은 관계 속에서 분리될 수 없는 한 폭의 그림을 만들어내고 있는 것이다.

종

여운을 만들어내는 정신

동양과 서양의 의미 차이가 가장 대조적으로 나타나 있는 것이 종이라면 틀린 말일까. 대개 13세기 때부터 만들어진 것이라고 하나 서양의 종은 튤립형의 내부에 추를 달아 종 전체를 흔들어 소리를 내는 내타식內打式인 데 비해 그보다 오래된 동양 종은 종신의 바깥 표면을 당목으로 쳐서 소리를 내는 외타식外打式이다.

그러므로 우선 종 전체를 움직여야 하는 서양 종은 범종처럼 크게 만들 수가 없다. 서양 것이면 무엇이든 규모가 크지만 종만은 그렇지가 않다. 높이가 3.66미터이고 아래쪽 입구 지름이 2.27미터, 두께 11~25센티미터, 무게 18.9톤의 크기를 자랑하는 에밀레종을 갖고 있는 한국인의 눈으로 볼 때 서양 종은 종이라고 하기보다 방울처럼 보인다. 프랑수아 라블레의 소설을 보면 거인 가르강튀아가 노트르담의 종을 떼어 말 방울로 달고 다닌다는 이야기가 나오지만 한국인이라면 거인이 아니더라도 그런 생각이 날 지경이다. 그 대신 서양 종은 여러 개의 종을 한 조로 하여 각기 다른 음계로 울릴 수 있어서 다양한 멜로디를 낼 수 있다. 그러나 범종은 종신을 매달아 치는 것이기 때문에 얼마든지 크게 만들 수가 있어 그 울림 자체를 웅장하게 할 수가 있다.

서양의 종이 양적이고 멜로디적인 것이라면 동양의 종은 질적이며 운율적이다. 서양 종은 쇠가 쇠를 때리는 소리여서 그 소리가 쨍하고 얕으며 여운이 없는 데 비해서, 나무가 금속을 때리는 동양 종은 그 소리가 은은하고 깊으며 여운이 길다. 이런 관점에서 보면 한국의 범종은 동양의 종 가운데에서도 가장 동양적인 특성이 있다고 할 수 있다.

왜냐하면 한국 종의 특색은 여운의 진폭을 크게 하기 위해서 중국이나 일본과 다른 독특한 디자인을 하고 있기 때문이다. 종의 꼭지인 용뉴 옆에 음통이 달려 있다든지, 네 유곽 안의 유두가 아홉 개씩 있어 총 서른여섯 개나 된다든지, 종 밑에 항아리를 만들어 놓은 것 등은 종의 공명과 여운을 증폭시키려 만든 장치들이다. 한국 범종의 형태는 종신에 그려진 공양비천상의 모습 그대로 지상의 울림을 천상에 이르도록 하는 비원의 자세라고 할 수 있다.

범종이 울리면 모든 중생들은 백팔번뇌에서 벗어나게 되고 마력과 사악에서 풀려나 그 죄가 소멸된다고 믿었다. 시보^{時報}

의 성격을 띤 서양 종과는 그 상징성부터가 달랐다. 세계에 자랑하는 고도의 주조술로 일본도^{日本刀}를 만들어낸 일본인들도 종을 만드는 데에는 끝내 한국의 기술을 흉내 내지 못하였다. 이미 8세기경에 12만 근이나 되는 동으로 세계에서 가장 큰 범종을 만들어낸 한국인은 사람의 생명을 빼앗는 칼을 만드는 데는 서툴렀지만, 인간의 생명을 구원하고 그 영혼을 씻어주는 종소리를 만드는 데 있어서는 어느 민족도 그 앞줄에 나설 수가 없을 것이다.

지게

균형과 조화의 운반체

지게는 '지다'에서 나온 말이다. '덮다'에서 덮개란 말이, '베다'에서 베개란 말이 생겨난 것과 같다. 그러니까 지는 도구가 바로 지게인 셈이다. 외국에는 지게라는 것이 없다. 그래서 미국 사람들은 그것을 보고 A 프레임이라고 불렀다. 생김새가 알파벳의 A 자처럼 생겼기 때문이다. 그들은 무엇을 질 때 대개는 그냥 맨 어깨에 메거나 등에 진다. 질 때 사용하는 도구가 없기 때문이다.

아무리 복잡하고 고도한 발명품이라 해도 인류가 만든 운반 도구는 두 개의 동사로 요약할 수 있다. 하나는 '지다'이고 또 하나는 '끌다'이다. 그리고 '지다'에서 생겨난 것이 멜빵이고

'끌다'에서 비롯된 것이 바퀴다. 바퀴 문화는 기차가 되고 자동차가 되고 이윽고 비행기나 로켓으로까지 발전해갔지만, 모르면 몰라도 멜빵 문화를 완성시킨 것은 한국의 지게 이상의 것이 없을 것 같다.

디지털 시대의 초등학교 학생들도 여전히 가방을 메고 다니고, 미사일로 무장한 현대의 군인들도 배낭을 짊어지고 다닌다. 그러나 그것들은 모두 용량의 한계가 있고 또 도구라고 할 만큼 기능적인 것도 못 된다. 어떤 역도 선수들도 자기 체중의 세 배 이상의 무게를 들어 올릴 수 없지만 지게를 이용하면 누구나 벼 몇 섬쯤은 거뜬히 들어 올릴 수가 있다.

때로는 솔잎을 긁어오는 나무꾼들처럼 지게를 이용하면 자기 키의 두세 배가 넘는 짐을 자유롭게 져 나르기도 한다. 그 비밀은 균형과 율동의 완벽한 조화 속에 있다. 위에 얹은 짐들의 균형이 조금이라도 맞지 않으면 아무리 힘센 장사라도 지고 다닐 수 없는 것이 바로 지게다. 또 무거운 짐일수록 파도가 출렁이듯이 율동적으로 장단을 맞춰 걷지 않으면 안 되는 것이 지게다.

그런 점에서 지게는 악기와도 같다. 균형 감각이 예민한 탐지기, 리듬의 정밀한 측정기다. 형태부터가 그렇다. 지게를 A 프레임이라고 한 것처럼 정면에서 보나 옆에서 보나 완벽한 대칭적 균형을 이루고 있다.

그러면서도 그 기하학적인 구조는 단순한 인공적인 직선으로 구성된 것이 아니다. 지게의 생명이라 할 수 있는 지겟가지는 문자 그대로 나뭇가지의 형태, 자연 그대로의 생김새를 이용해서 만든 것이다. 사슴의 뿔, 갈라진 냇물, 성장하고 뻗어가는 온갖 것의 원형인 V 자형의 가지를 나란히 놓아 하나의 공간을 만들어놓을 때 거기에 지게의 이미지가 탄생되는 것이다.

A 프레임은 Y 프레임이 되기도 한다. 지겟가지의 그 팽팽한 긴장은 윗세장을 받치고 있는 작대기의 머리로 이어진다. 거기에 고무줄을 걸기만 하면 우리가 어렸을 때 쏘던 고무총이 될 것이다.

지게에는 바퀴에서 볼 수 없는 힘이 있다. 지게는 뿔이다. 이두박근의 순수한 미학이다.

창호지

나무의 가장 순수한 넋

어느 시인은 유리창을 바라보며 "차고 슬픈 것이 어른거린다"라고 노래하고 있다. 만약 그가 수십 년만 더 일찍 태어났던들 이런 시를 쓰지 못했을 것이다. 왜냐하면 유리창이야말로 우리가 경험한 가장 선명한 근대 체험 가운데 하나이기 때문이다. 전통적인 한국의 창문은 창호지로 되어 있다. 그러므로 차고 슬픈 것과는 정반대의 이미지를 준다.

"나무는 잠재적인 열을 지니고 있어서, 유리처럼 반사하지 않고 안에서부터 타오른다. 나무는 그 섬유 속에 시간을 간직하고 있다"라고 말한 보드리야르의 말 그대로 창호지의 문은 '차가운 것'이 아니라 '따스한 것'이고, 빛이 '어른거리며 반사되는 것'이 아니라 '스며 배는 것'이고, '닦는 것'이 아니라 시간과 더불어 '삭아들어가는 것'이다. 그래서 창호지 문은 '슬픈 것'이 아니라 '정겨운 것'이 풍긴다. 나무의 가장 순수한 넋을 걸러서 만든 창호지는 여러 가지 면에서 광물질의 유리창과는 다른 대극적인 성격을 보여준다.

유리창과 창호지 문은 바로 근대와 전통, 서양과 동양의 문화적 차이를 나타내는 모델이라고 할 수 있다. 유리는 지성의 세계를 그리고 창호지는 정감적 세계를 상징하는 언어다. 지성은 유리처럼 투명하기 때문에 모든 것을 감추지 않고 들추어낸다. 유리문은 빛을 그대로 투과시켜 방 안에 있는 먼지나 흠집을 낱낱이 드러낸다. 그러나 창호지는 빛을 걸러서 반쯤만 들인다. 빛은 은은한 그늘로 방 안에 젖어들고 웬만한 먼지와 때 그리고 흠집들을 감싸준다. 조선조 백자의 아름다움은 창호지를 통해서 들어온 빛 속에서 가장 아름다울 수 있다. 유리창으로 흘러 들어오는 밝은 대낮의 공간 속에서는 상처투성이의 금 간 그릇으로 보일 뿐이다.

유리창은 한번 깨지면 그만이다. 작은 금만 가도 이미 그것은 유리창으로서의 구실을 하지 못한다. 그러나 창호지는 부서지지 않는다. 찢기고 뚫려도 재생시키고 때울 수가 있다. 살아 있는 육체처럼 상흔을 남길지언정 다시 호흡하고 살아나는 유기체의 피부와 같다.

지성은 시간을 뛰어넘는 절대와 추상의 세계를 지향한다. 유리는 닦기만 하면 시간의 때가 벗겨진다. 시간은 유리 벽에 머무르지 못다. 그것은 썩지도 퇴색하지도 않누다 그러나 창호지는 시간이 흐를수록 시간의 이끼가 껴서 묵은 빛으로 변한다. 그것은 수시로 변하고 훼손되고 이윽고 죽는다.

정감은 지성처럼 오래가지 못한다. 그것은 견고한 것이 아니다. 작은 손가락에도 속절없이 구멍이 뚫리게 마련이다. 그러나 금세 또 그 구멍은 때울 수 있다.

어째서 다듬이질을 하는 여인들의 실루엣이 창호지 문에 은은히 어리는 광경이 한국의 전통적 생활의 이미지로 그토록 많이 쓰여 왔는지를 이제 알 만하다.

처마

욕망의 건축학

우리는 한국의 미는 선에 있다고 주장해왔다. 중국의 형形, 일본의 색色 그리고 한국의 선線, 이것은 동아시아 3국을 비교할 때 으레 등장하는 키워드다.

그중에서도 한국의 선을 말할 때 예외 없이 인용되는 것이 바로 용마루나 처마 끝 선이다.

다 같은 기와지붕 양식인데도 한국의 처마는 직선적인 중국이나 일본 것과 달리 부드러운 곡선을 그리고 있다. 그것도 그냥 곡선이 아니라 그 끝이 하늘로 날아오를 듯이 치켜져 올라가 있다. 땅을 억누를 듯이 육중한 지붕의 무게가 갑자기 부력을 얻어 허공으로 떠오르려 하는 것이다. 만약 땅을 향해

하강해오던 제비가 거의 지면에 맞닿으려는 순간 갑자기 방향을 돌려 하늘로 치솟아 올라갈 때 우리는 거기에서 아름다운 한국의 처마와 같은 곡선의 흔적을 볼 것이다.

정확하게 말해서 그것은 선의 미라기보다 반작용의 역학적 미라고 할 수 있다. 모든 선은 운동을 나타낸다. 거기에는 방향성과 속도와 그리고 중력이 있다. 선처럼 인간의 욕망을 역학적으로 정확하게 나타내주는 것도 드물 것이다.

기와지붕의 선이 단순한 선의 아름다움이 아니라는 것은 용마루나 기왓골보다도 처마 끝을 살펴보면 분명하게 알 수 있다. 처마 끝은 지상적인 것과 천상적인 것이 만나는, 말하자면 수직선과 수평선이 서로 만나는 교차점이다. 위에서 내리누르는 것과 아래에서 위로 솟아오르는 힘의 교차점, 거기에서 처마 끝 곡선이 빚어진다.

그것은 의식의 표층을 뚫고 올라오는 무의식의 욕망이다. 그 억압된 욕망 그리고 분출하는 반작용의 운동을 뒷받침해주는 것이 살짝 들어 올린 처마 밑을 장식하고 있는 짙은 원색의 단청이다.

지붕의 속살 같은 서까래 기둥에 대담하고도 현란한 오색의 단청을 들인 것을 보면 감히 한국인을 두고 무채색의 흰빛만을 좋아한 민족이라고는 말하지 못할 것이다. 검고 투박한 기와와 나무의 소재를 그대로 살려 기둥을 세움으로써 극도로 색채를 억제한 건축에서 돌연 속살이 드러날 때, 우리는 그 눈부신 단청의 모양, 감춰졌던 색채의 욕망들이 일제히 뿜어 나오는 힘을 보게 되는 것이다

더구나 단청의 색깔은 한국인의 토착 신앙과 관련된 것으로

청색은 오행의 목木으로서 봄과 동쪽을 나타내고, 적색은 화火로서 여름과 남쪽을, 황색은 토土로서 계절의 변화와 중앙을 나타내고, 백색은 금金으로서 가을과 서쪽을 가리킨다. 그리고 흑색은 수水로서 겨울과 북쪽을 나타내고 있다.

어린아이들의 색동옷이나 부녀자들의 무채색 옷 속에 숨겨져 있는 노리개, 주머니의 현란한 오색 자수들은 모두가 기와집 처마의 곡선, 그리고 반작용으로 나타난 욕망의 단청이라고 할 수 있다.

초롱

밤의 빛

연회는 밤에 열린다. 그런데 서양 사람들이 연회를 하는 것을 보면 밤을 어떻게 대낮같이 밝히는가 하는 데 골몰하고 있는 듯이 보인다. 그러니까 연회는 근본적으로 대낮의 연장이라는 데 그 의미가 있고, 인공의 힘으로 밤의 어둠을 씻어낸다는 데 그 가치를 두고 있는 것 같다. 거기에서 생겨난 것이 서양의 거대하고 다채로운 촛대이며 샹들리에의 문화다.

이에 비하여 한국인들의 잔치는 밤의 어둠을 즐기려는 데서 시작된다. 밤은 어두워야 비로소 밤이다. 그러므로 그 밤을 비치는 조명 역시 대낮의 빛을 모방하는 것이 아니라 달빛이나 별빛처럼 으스름한 광채를 이상으로 삼는다.

그 증거로 큰 건물의 뜰에는 으레 석등이란 것이 놓여 있지만 그 촉광 높은 서양의 샹들리에나 야외 등과는 달리 빛을 밝힌 다기보다 오히려 빛을 감싸주는 역할을 하고 있다. 청사초롱도 석등과 크게 다를 것이 없다. 으레 잔치가 벌어지면 청사초롱이 등장하지만 그것은 빛을 감싸서 상징적으로 나타내는 역할이 더 크다.

초롱은 조명 효과보다는 축제 공간을 알리는 기호로서 존재한다. 그러므로 청사초롱은 빨갛고 파란 깁을 사용해 밤만이 아니라 낮에도 눈에 잘 띄게 디자인했다.

초롱의 생김새를 보아도 광원이 퍼지지 않도록 사방을 막아두었다. 단지 그 아랫부분만 터놓아 초롱을 들었을 때에는 발밑으로만 빛이 흐르도록 되어 있다.

청사초롱의 빛은 겸손을 가르쳐준다. 대낮과 경쟁하고 태양 빛을 시기하는 빛이 아니라 밤의 어둠을 보기 위해 있는 빛이라고 할 수 있다. 역설이 아니다. 한국인들이 밤에 불을 밝히는 것은 밤을 대낮으로 연장하기 위한 것이 아니라 밤을 더욱 밤답게 하기 위해서라고 할 수 있다. 으스름한 빛, 어렴풋한 빛, 깁 속에서 번져 나오는 청사초롱의 불빛이 그러한 불빛의 모델이라고 할 수 있다.

그냥 밝은 달이 아니라 구름 속에 가린 달빛을 더 좋아한 한국인들은 빛을 싼다. 깁으로, 종이로, 그렇지 않으면 창살 같은 나무로. 청사초롱만이 아니라 모든 한국의 조명기구들은 비과학적으로 보인다. 반사경을 달아 그 조명도를 높인다든지, 유리처럼 투명한 재료를 쓴다든지 하지 않고 오히려 모두가 빛의 확산을 막고 가리는 비기능적인 재료 또는 그러한 디자인을 쓰고 있는 것이다.

그러나 그것은 비과학이 아니라 과학 이상의 것을 추구하려는 마음의 소산이다. 몽롱한 빛, 대낮의 빛과는 다른 밤의 빛을 만들어내기 위해서 등롱이 있는 것이다. 어둠을 몰아내지 않는 등, 그 역설의 등이 아마도 한국인이 가장 이상으로 생각한 등이었을지도 모른다.

치마

감싸는 미학

한복의 특색을 보면 입는다기보다 '감싸다' 또는 '두르다'라는 서술어가 더 적합하다. 한국 옷은 몸의 치수를 정확하게 재어 재단하는 서양의 의상과는 다르다. 한국 옷이 그때그때의 정황에 맞춰 입을 수 있는 융통성을 전제로 디자인된 옷이라는 것은 허리가 굵어지면 좀 펴서 입고 배가 줄면 더 접어 입으면 되는 한국 바지를 보면 알 수 있다.

하의만이 아니다. 한복의 저고리 역시 옷고름이 달려 있어서 일정하고 고정되어 있는 융통성 없는 단추와 달리 더 바짝 조여 맬 수도 있고 또 더 느슨하게 풀어 맬 수가 있다.

이같이 살이 붙든 빠지든 옷에 몸을 맞추는 것이 아니라 옷을 몸에 맞추는 한국 의상의 신축자재적인 특성을 가장 잘 나타내주는 것이 여자의 치마다. 치마에는 숫제 서양의 스커트처럼 허리둘레의 사이즈라는 것이 없다. 갖다 몸에 두르면 되도록 되어 있기 때문이다. 말하자면 치마는 완성된 옷이 아니라 입는 순간 비로소 하나의 옷이 되는 것이라고 할 수 있다.

허리둘레만이 아니다. 길이도 길면 더 추켜 입으면 되고 짧다 싶으면 내려 입으면 그만이다. 길이를 얼마든지 조절할 수 있도록 고안되어 있다. 의상이 하나의 도구로서 고정된 형태를 갖고 있는 것이 아니라 살아 있는 생명체처럼 줄기도 하고 늘기도 하고 넓어지기도 좁아지기도 하며 몸과 함께 숨을 쉰다. 한복은 그래서 인체를 압박하거나 부자유스럽게 구속하지 않는다.

서양의 근대 의상은 몸의 아름다움을 노출시켜 그 아름다움을 나타내도록 되어 있지만 한복의 전통의상은 거꾸로 몸의 결점을 덮어주고 감싸주는 데 그 기능이 있다. 다리가 굽었거나 어디엔가 화상을 입은 사람에게는 짧은 스커트가 어울리지 않을 것이다. 가슴이 풍부하지 않은 여성은 일부러 브래지어를 하지 않는 한 그 가슴을 튀어나오게 할 수 없다.

한복 전문가의 주장을 들어보면 한복은 입기에 따라 키 작은 사람을 커 보이게 할 수도 있고, 키가 큰 사람은 반대로 작아 보이게도 하는 데 그 특징과 매력이 있다고 한다. 즉 키가 작은 사람은 치마폭을 좁게 하고 그 길이를 다소 기름하게 입으면 되고, 키가 큰 사람은 치마폭을 좀 넓게 입으면 된다는 것이다.

그와 마찬가지로 뚱뚱하고 야윈 것, 목이 밭은 사람과 긴 사람 역시 한복의 조절로 얼마든지 그 약점을 감추고 중화시킬 수 있다. 목이 밭은 사람은 뒷고대 치수를 넉넉하게 하고 깃 나비를 좁은 듯하게 하면 되고, 반대로 목이 긴 사람은 깃 나비를 넉넉하게 하고 깃 길이를 짧은 듯하게 하면 된다.

치마는 몸매가 좋은 사람만이 아니라 그렇지 못한 사람들까지도 포용한다. 치마의 아름다움은 곧 감싸는 아름다움이다.

칼

무딘 칼의 철학

아마도 세계에서 제일 무디게 보이는 칼이 있다면 그것은 한국의 식칼이 아닐까. 두툼한 칼 몸이라든가, 무딘 곡선을 그리며 반달처럼 휘어 있는 칼날을 보면 도무지 무 하나도 제대로 자를 수 없을 것 같은 인상이다. 더구나 투박한 무쇠 빛 칼은 쇠의 차가움보다는 무슨 나무와 같은 질감을 준다. 조금도 과장이 아닌 것이 가끔 사람을 죽이는 살인 흉기로 쓰이고 있는 일본의 회칼과 비교해보라. 가늘고 길며 끝이 바늘 끝처럼 뾰족한 그리고 얼음처럼 투명한 칼날을 보고 있으면 한국의 식칼이 얼마나 칼답지 않은 칼인가를 알 수 있다.

한국인은 칼날을 불상지물 不祥之物의 하나로 생각해왔다. 그래서 날이 선 칼은 방 안에 들여놓으려 하지 않았다. 더구나 남에게 칼을 선물하는 것은 의를 끊는 것이라 하여 금기로 삼아왔다. 그래서 칼이란 잘 들기 위해서 만든 것이지만 한국인은 되도록 잘 들지 않도록, 아니 잘 들어도 잘 안 드는 것처럼 보이게 하기 위해 애썼다.

그러므로 식칼은 찌르는 칼도 아니요, 베거나 자르기 위한 칼도 아니다. 그것은 썰기 위해 있는 칼이다. '썰다'는 톱질을 할 때처럼 상하로 움직임을 되풀이하는 것으로 잘 들지 않는 칼을 쓸 때 그런 동작이 나오는 것이다. 한국의 식칼이 그렇게 투박하고 무거운 것은 칼날보다 그 무게 힘으로 자르려 했기 때문이다.

장도칼도 마찬가지다. 한국 여인들이 품에 지니고 다녔던 장도칼은 노리개 같은 것으로 이것 역시 사람을 해치는 무기가 될 수 없다. 아무리 날카롭게 갈아도 장도칼은 치명상을 입힐 수 없게 그 길이가 짧다.

원래 장도칼의 용도는 남을 찌르기 위한 것이 아니라 남에게 욕을 당하였을 때 자기가 자기 몸을 찔러 자인 自刃하도록 하기 위한 것이다. 그러나 그것은 어디까지나 상징적인 의미를 지니고 있을 뿐 실제로 찔러도 죽을 수 없게 만들어져 있다. 남도 자기 목숨도 끊을 수 없는 장도는 절개를 지키는 마음의 칼, 법규의 칼날일 뿐이다.

한국의 식칼이나 장도칼을 보고 있으면 한국의 문화는 칼을 부정하는 문화임을 알 수 있다. 무당이 칼을 휘두르는 것도 공격적인 투쟁이 아니라 끊는 행위, 단절의 상징성을 나타내는 것이다. 마치 티베트의 신불들이 칼을 들고 있는 것이 남과 싸우기 위한 것이 아니라 인간을 구속하고 있는 번뇌의 끈을 끊기 위한 것, 진리의 길을 막고 있는 덩굴을 끊기 위한 것과 같은 상징인 것처럼 말이다.

키

이상한 돛을 지닌 배

인간이 만든 도구 가운데 바람과 관계가 있는 것은 모두가 아름답다. 부채가 그렇고 풍차가 그렇고 연이나 풍향계가 그렇다. 배의 아름다움 역시 바람을 한껏 받고 있는 돛의 아름다움이라 할 수 있다. 축제날 나부끼는 깃발, 부풀어 오르는 풍선과 기구, 기계인 비행기 등 하나에서 열까지 헤아려도 바람을 일으키거나 바람을 타고 움직이는 도구들은 모두 살아 있는 생물 같은 생동감을 준다.

농기구 가운데서는 키가 그렇다. 곡물을 바람에 날려 가벼운 쭉정이는 밖으로 날아가게 하고, 묵직하게 잘 영근 곡물은 안으로 고이게 하는 키는 마치 비행기가 그렇듯이 기능 자체가 빚어낸 독특한 미의 형태를 드러낸다. 그 기능적인 형태를 최대한으로 살려 민속공예의 아름다움의 극치를 이룬 것이 아마도 한국의 키라고 할 수 있을 것이다. 한국의 키가 지니고 있는 아름다움은 장식적인 것과 기능적인 것이 유기적으로 결합된 것으로 우선 평면과 입체의 다른 두 공간이 교묘하게 어우러져 있다는 점이다.

쭉정이를 날려 보내기 위해서는 키의 면이 날개처럼 최대한으로 확산된 평면을 지녀야 한다. 그래서 한국의 키는 키의 끝에 두 날개를 달아 면을 최대한으로 증폭시키고 있다. 그러나 키는 동시에 곡식들을 흩어지지 않게 한 곳으로 모이도록 해야 한다. 말하자면 확산의 정반대 운동으로 수축하고 응집하는 역학을 발휘해야 하는 것이다. 그래서 한국의 키는 세계의 어느 키보다도 움푹 파인 입체적 형태를 이루고 있다. 한국의 신발코처럼 동그랗게 말려 올라간 그 긴장된 모습이 키에도 나타나 있다.

수차례 강조한 바 있지만 모든 미는 그것이 언어이든 행동이든 시각적인 형태이거나 청각적인 음이라 하더라도 대립되는 모순이 서로 융합하는 그 긴장으로부터 태어난다. 양 날개를 단 확산적인 평면과 신발코처럼 응집, 집결된 입체성이 키라는 하나의 기능 속에 통합되면서 아이러니의 미적 긴장을 보여준다.

어린아이들이 오줌을 싸면 키를 씌워 소금을 얻으러 보내는 습속도 그 키의 독특한 형태에서 비롯된 것이다. 둥근 머리와 편편한 몸을 동시에 감쌀 수 있는 레인코트처럼 한국의 키는 정말 인간의 머리와 몸을 한 형태 속에서 감쌀 수 있다.

끝없이 중력을 향해 고여 들어오고 또한 끝없이 중력에서 벗어나 허공으로 흩어져 날아가는 두 운동이 시각적으로, 하나의 사물로 결정結晶된 역학의 보석, 그리고 바람을 일으키고 또한 잠재우는 이상한 돛을 지닌 배, 그것이 한국의 키다.

탈

삶의 볼록거울

　일상적 삶에서 벗어나 축제의 마당으로 들어가기 위해서는 모든 것이 물구나무서야 한다. 걸어 다니는 일상의 보행은 춤으로 변하고, 늘 먹고 마시던 밥과 물은 떡과 향기로운 술로 변한다. 그리고 산문적인 평탄한 말들은 운율과 가락이 붙은 시와 노래가 된다. 물론 땀과 때로 얼룩진 옷도 잔칫날에는 울긋불긋한 색동옷과 금박을 찍은 진솔옷이 된다. 이렇게 모든 것이 하루아침에 달라지고 새로워지는 것을 한국말로는 탈바꿈이라고 한다. 그렇다. 탈을 잊어버릴 뻔했다. 일에서 놀이로, 일상의 공간에서 잔치의 공간으로 그 삶의 방식이 역전될 때 사람들의 얼굴은 탈이 되는 것이다.

탈을 쓴 얼굴은 이미 나 자신의 얼굴이 아니다. 또 하나의 낯선 얼굴, 옴중이거나 미얄할미다. 그러고 보면 놀이의 마당, 잔치의 판에서 가장 극적인 탈바꿈을 하는 것은 바로 말 그대로 탈이 아니고 무엇이겠는가.

얼굴을 산문적인 말이라고 한다면 탈은 그 얼굴의 운율이요 노래라고 할 수도 있다. 늘 보던 얼굴들이 밥이요 물이라면 탈을 쓴 얼굴은 도취의 술이요 고물 묻힌 떡이라고 할 수 있다. 탈은 얼굴의 춤이요 색동옷이다.

일본의 탈은 '중간 표정'을 하고 있는 것으로 유명하다. 웃는 것도 아니고 화난 것도 아니다. 슬픔도 괴로움도 얼굴에 나타나 있지 않다. 이 표정은 모든 삶이 정지된 상태, 무로 환원되는 순간의 인간 모습이라고 할 수 있다.

그러나 한국의 탈은 정반대로 인간의 감정이나 표정을 극대화하여 일상 속에 파묻힌 삶의 모습을 겉으로 떠오르게 한 것이다. 우리는 일찍이 미얄할미처럼 그렇게 크고 푸짐하게 웃는 사람의 얼굴을 본 적이 없고, 팔먹중처럼 그렇게 검은 얼굴을 한 중을 본 적이 없다. 인간이라면 눈끔쩍이처럼 그렇게 눈을 흘길 수도 없고 옴중처럼 흉측한 몰골을 하고 덤벼들 수도 없다.

일상의 삶이 편편한 거울이라면 탈의 세계는 볼록거울인 셈이다. 이 볼록거울은 평소의 얼굴을 확대하고 뒤집고 일그러뜨림으로써 데포르메된 모습을 통해 존재 저편의 풍경을 보이게 한다. 양반이나 중은 그 권위와 위선의 가면을 벗고 원 모습으로 돌아온다. 얼굴과 탈이 역견되이 씌우는 것이 비로 벗기는 행위가 된다. 이렇게 하여 일상의 보행들은 중절되고 모든 행동은 새로운 질서의 걸음, 이를테면 춤으로 바뀌어간다.

단순한 비유가 아니다. 탈춤의 춤사위는 일상적인 보행을 완전히 뒤집어놓은 것을 그 기본으로 삼고 있다. 즉 보통 걸음은 왼발을 떼어놓을 때에는 오른손을 내놓고 오른발을 앞으로 내밀 때에는 반대로 왼손을 내놓는다. 그러나 탈춤의 춤사위는 오른발을 뗄 때 오른손을 들고 왼발을 올릴 때 왼손을 내민다. 권력을 향해 돌진하고 정복과 약탈을 위해 달려가는 자들은 결코 이렇게 걷지는 않을 것이다. 어떤 군대도 이런 걸음으로 행진한 적은 없을 것이다. 그러다가는 전멸을 당하고 말 것이다. 그리고 일상의 거리에서 이렇게 오른손, 오른발을 같이 내놓다가는 바보 소리를 면치 못할 것이다.

유독 이러한 걸음은 세속의 구속과 고통에서 해방된 축제 공간, 신바람이 부는 볼록거울 속에서만 용서되고 또 그 힘을 발휘한다. 일상의 보행을 정지시킬 때의 얼굴, 그것이 바로 탈이다.

태권도

허공에 쓰는 붓글씨

린위탕의 말이라고 생각된다. 서양 사람들은 그림을 그릴 때 한 번 그린 것 위에 여러 번 겹쳐 그린다. 수정하고 벗겨내고 하면서 그림을 완성해간다. 동양화의 경우 보통 이러한 시행착오는 용서되지 않는다. 붓글씨를 쓸 때 한 번 쓴 획 위에 다시 개칠을 하는 것이 용납되지 않는 것처럼 동양화의 기본 역시 일필휘지의 원터치로 그린다.

스포츠의 경우도 마찬가지다. 태권도와 복싱을 보면 알 수 있다. 복싱은 서양화를 그리듯이 쉴 새 없이 펀치를 날리며 시행착오를 되풀이한다. 이른바 펀치의 개칠이다. 그러나 태권도는 되풀이될망정 일격에 급소를 쳐 적의 공격을 막거나 공격을 한다. 그러므로 태권도의 사위는 모든 동작이 절제되어 있으며 순간 동작이 많다. 붓글씨를 쓰는 서도와 닮아서 일필휘지의 유려한 선의 흐름으로, 개칠을 용서하지 않기 때문에 복싱처럼 부산하게 잽을 던진다든지 보디워크를 하는 일이 없는 것이다.

일회성이 만들어낸 붓글씨나 태권도의 동작은 공통점이 많다. 태권도의 아름다움은 바로 서예의 힘차고 절제된 선의 다이나믹한 긴장감과도 같다. 그래서 도장에 나와서 유연하게 서 있는 기본자세를 보면 꼭 서도를 배울 때 모델 글자로 익히는 한자의 길 영 '永' 자를 보는 것 같다.

실제 태권도의 방어 기술과 공격 기술을 일정한 범위 내에서 수련할 수 있도록 묶어놓은 품세의 구성을 보면 모두가 글자 모양을 본뜬 것임을 알 수 있다. 초단의 품세선은 선비 사 '士' 자라든가, 3단 품세선은 지을 공 '工' 자라든가 하는 것이 모두 그러하다.

태권도의 품세 구성은 단순히 팔다리를 움직이는 기술이 아니라 그 글자의 뜻까지도 아로새기려는 정신주의의 산물이다. 그러므로 전연 그 품세를 모르는 사람이라 해도 옆차기나 앞차기 같은 태권도의 기본동작을 보며 연상하는 것은 하얀 깁 위에 단숨으로 뻗친 붓 자국이 매화 가지로 변하는 것 같은 기적을 보는 것이다. 한마디로 그때그때 자아내는 태권도의 아름다운 동작은 허공에 쓰는 붓글씨, 시간의 깁 위에 그려가는 수묵화다. 그리고 그것은 일회성, 한 번 뻗친 손이나 한 번 들어 올려 일격을 가한 그 발은 영원히 다시는 되풀이할 수 없는 것, 수정할 수도 되풀이할 수도 없는 절대의 행위로 끝난다.

단 한 번의 것이라고 할 때 사람들은 누구나 정신을 가다듬고 집중한다. 혼신의 힘을 다해서 그 절대의 일회성을 살리고 한다. 거기에서 개칠에서는 도저히 얻을 수 없는 순수한 아름다움이 배어 나오는 것이다.

태극

가장 잘 구르는 수레바퀴

우주를 하늘, 땅, 지옥의 세 영역으로 나눈 것이 서양의 우주론이다. 제일 높은 하늘의 세계, 그 중간인 땅의 세계 그리고 가장 아래에 있는 지하의 세계, 이렇게 해서 상, 중, 하의 수직 공간과 그 축으로 우주가 형성된다. 그러나 한국(중국도 마찬가지다)의 우주론은 태극이나 삼태극에서 보는 바와 같이 천, 지, 인의 세 층으로 구성된다. 이 우주의 체계는 무수한 소우주를 형성하고 그것들은 다 같은 상동적 구조를 갖고 있다는 것이 이른바 동양의 정신을 가장 오랫동안 지탱해온 음양 사상이다.

그러므로 태극 무늬는 한국이라는 나라의 깃발에서만이 아니라 개인의 몸에서는 남녀의 성性, 그리고 그 가족에 있어서는 부모, 그리고 직장이나 사회에 있어서는 주와 객, 고용된 자와 고용하는 사람이라는 두 영역으로 대응되어 있다.

그런데 이 두 개가 서로 짝으로 어울리느냐, 대립하느냐로 우주의 움직임이 달라진다. 말하자면 두 영역을 매개하거나 또는 중립의 경계를 이루는 제3의 영역이 설정된다.

이 중간적인 매개항을 인간이 맡고 있다고 생각한 것이 바로 한국인이 즐겨 쓴 삼태극의 세계다. 단군신화를 보아도 알 수 있다. 하느님의 아들이라고 한 환웅은 하늘의 영역에 속하는 것이고 곰과 호랑이는 땅에 속하는 것이다. 그중 곰이 인간이 되고 싶어 100일을 기해 웅녀로 화신하고 환웅과 결혼하여 단군을 낳았다. 단군은 사람, 즉 하늘과 땅의 융합에서 얻어진 매개자로서 인간의 세계를 대표한다.

그래서 한국인은 농사를 짓는 생산 활동까지도 삼태극의 세계로 풀이하고 있다. 즉 농사를 지으려면 하늘에서 적당한 햇빛과 비가 내려야 한다. 그렇지 않으면 홍수가 나고 가뭄이 든다. 그러나 땅이 없으면 아무리 좋은 기상이라도 곡식을 뿌릴 수가 없다. 비와 햇빛도 받아들이는 땅이 있을 때 비로소 의미가 있다. 그러나 하늘과 땅만으로 곡식이 자라고 영글 수 있는가. 밭을 갈고 김을 매는 사람의 손이 가지 않으면 곡식은 한낱 잡초에 지나지 않을 것이다.

인간의 힘이 하늘의 뜻과 땅의 뜻을 연결하여 완성시킨다. 이것이 빨갛고 파랗고 노란 곡옥 모양의 세 태극이 어울린 모습인 것이다.

십자가나 불교의 만卍 자를 우주를 상징하는 수레바퀴의 모양으로 풀이하는 학자가 있다. 그런 안목으로 보면 우주를 상징하는 삼태극 역시 마찬가지다. 그런데 이 세 도형 속에서 어느 바퀴가 제일 잘 구를 수 있는가를 한번 비교해보라. 그러면 삼태극의 뜻이 더욱 명확해질 것이다.

팔만대장경

칼을 이긴 인쇄 문화

유럽과 아시아의 양 대륙을 유린한 몽골족의 세계 정복은 역사상 알렉산더 대왕, 카이사르, 나폴레옹의 그 어느 것보다도 장대하고 또 격렬한 것이었다. 이른바 '몽골군이 지나간 자리에는 먼지밖에 남는 것이 없다'는 전설적인 황화론이 그것을 뒷받침하고 있다. 그러나 한국인들은 몽골군의 대정복에 하나의 이례적인 기록을 남겼다. 그것도 일본의 가미카제神風와 같이 자연의 힘에 의한 요행수가 아니라 사람 스스로의 손으로 이룩한 기적이었다. 즉 어떤 강대국이라 하더라도 대몽골의 침공 앞에서는 순식간에 무릎을 꿇고 항복하고 말았지만 유독 한국(고려)만이 강화도의 작은 섬에 들어가 30년 넘게

버티며 끝까지 항쟁하였다. 그래서 한때 유럽에서 제작된 세계지도에는 한국이 섬나라로 그려진 것이 있을 정도다.

단순히 오랫동안 항쟁을 했다는 사실만이 중요한 것이 아니다. 무엇보다도 우리를 놀랍게 하는 것은 붉은 먼지밖에는 남는 것이 없다는 몽골의 침입이 도리어 한국 땅에서는 팔만대장경의 판각이라는 엄청난 문화유산을 낳게 했다는 점이다.

고종 18년(1231년)에 침공해온 몽골군들이 부인사에 소장되었던 대장경을 불태워버렸으나 고려인들은 항쟁을 계속하면서 소실된 그 경판을 다시 새기기 시작했던 것이다. 난중의 역경과 작은 섬의 궁핍 속에서 16년 동안 걸려서 끝내 방대한 그 팔만대장경의 판각을 완성하고 말았다. 그것이 오늘날 해인사의 장경판고藏經板庫를 가득 메우고 있는 8만 1,258장의 팔만대장경 판목이다.

혹시 합리주의자들은 그만한 힘이 있었으면 무기 하나라도 더 만들 일이지 어찌하여 불력佛力으로 적을 물리치겠다는 그런 미신으로 국력을 낭비하였는가, 라고 말할지 모른다. 그러나 만약 고려 사람들이 몽골군의 무력을 무력으로써만 대항하려 했다면 강화도에 들어가 항쟁할 힘도 처음부터 일어나지 않았을 것이다. 몽골군이 가지고 있지 않은 힘, 불경을 정성들여 새기는 그런 끈기와 문화의 힘이 있었기 때문에 세계사에서 드물게 보는 항쟁사를 낳을 수 있었던 것이다. 몽골군과 병기만으로 싸우지 않고 불경의 판목으로 무장하였기 때문에 아무리 막강한 몽골군이라 해도 고려 땅을 죄 잿더미로 만들 수는 없었다

전쟁 속에서 팔만대장경을 판각한 그 정신과 문화 그리고 기

술이 있었기 때문에 한국은 세계에서 제일 먼저 금속활자를 만든 나라가 될 수 있었다. 그러니까 구텐베르크가 금속활자를 발명한 1440년대보다 반세기나 앞서서 한국인들은 계미동활자癸未銅活字로 책을 인쇄하고 있었다. 결국 몽골군의 침략은 한국이 세계 최초의 활자 문화를 낳게 하는 그 기반을 만들었다고 할 수 있다.

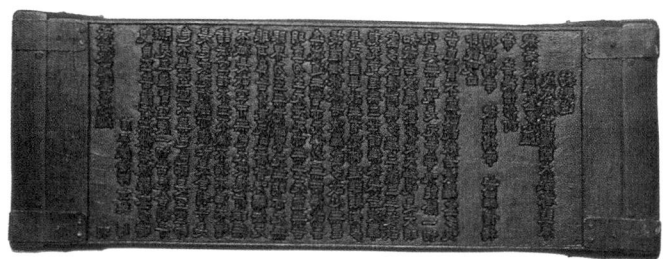

풍경

대기를 헤엄치는 물고기 소리

서부 활극의 미국적 서정으로 이따금 등장하는 것이 태엽을 감으면 저절로 피아노 소리와 같은 음악이 울려 나오는 오르골이다. 역마차나 통나무집이 불탄 자리에는 오르골이 하나 떨어져 있다. 외로운 서부의 영웅은 땅바닥에 떨어진 그 오르골을 집어 들고 홀로 그 소리에 귀를 기울이며 감상에 젖는다. 이 오르골 소리의 서정을 한국의 문화로 번역하면 아마도 풍경 소리가 되지 않을까 싶다.

오르골의 소리가 내포하고 있는 의미를 분석해보면 자동 장치라는 기계성, 일정한 패턴을 갖고 있는 소리의 반복성, 시간이 지나면 자연히 멈추는 소리의 일순성, 그리고 액세서리나 화장품 상자의 뚜껑을 열면 울리게 되어 있는 일상생활의 실용성 등을 요약해낼 수 있다. 이 모든 요소들은 서양인의 문화적 취향을 단적으로 상징하는 것들이다.

그러나 풍경 소리의 기호 체계는 오르골의 그것과 이항대립적인 성질을 갖는다. 첫째, 오르골의 인공적인 기계성이 풍경에서는 바람이라는 자연성으로 대립된다. 풍경은 내부에 인공적인 동력을 숨기고 있지 않다. 태엽이 풀리는 힘이 아니라 불어오는 바람의 힘에 의해서 소리가 울리게 되어 있다. 그래서 풍경은 오르골처럼 통풍이 잘 안 되는 실내나 상자 속이 아니라 바람이 잘 통과하는 처마에 매달려 있다.

둘째, 오르골 소리는 늘 똑같은 멜로디를 울리는 것이 특징이다. 이 반복성이 조건반사와 같은 효과를 주고 그 때문에 영화의 회상 장면에 무엇보다 유효한 소도구로 쓰일 수가 있다. 그러나 풍경 소리에는 일정한 멜로디가 없다. 바람에 따라 소리의 강약이나 속도가 정해지기 때문에 그 소리는 단조롭지만 반복적인 패턴은 없다. 즉 반복 효과가 아니라 일회성이다.

셋째, 풍경 소리는 영원히 울린다. 바람이 불면 혼자서 언제고 울려온다. 태엽이 풀리면 정지하는 오르골의 끝이 있는 소리와는 다르다.

마지막으로 풍경은 오르골처럼 실용적인 생활용품과 관련되어 있는 것이 아니라 반대로 일상적 생활의 논리에서 완전히 벗어나 있다는 데 그 특색이 있다. 풍경은 작은 종에 물고기 모양의 판을 매달아 놓은 것이다. 그러기 때문에 풍경을 보고 있으면 초현실이 환상에 젖게 된다. 물속에서 헤엄치는 물고기가 허공 속에서, 파란 하늘 속에서 지느러미를 흔든다.

그리고 원래 물고기는 새처럼 소리를 내는 것이 아니다. 그런데 풍경의 물고기는 대기 속을 헤엄치면서 방울새처럼 운다. 그래서 풍경이 울리는 공간은 용궁 속처럼 파란 물속이 되고, 물고기와 새들은 대기와 파도의 경계를 무너뜨리고 처마 밑에서 만난다. 이것이 한국인의 문화적 취향 그리고 서정이다.

한글

기호론적 우주

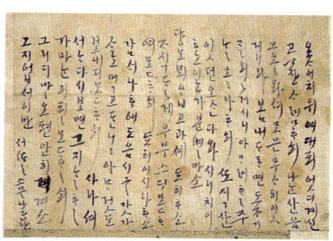

한국인이나 일본인들은 막강한 한자 문화권 속에서 살았으면서도 자기의 고유한 문자를 만들어 쓴 것에 대하여 다 같이 자부심을 갖고 있다. 그러나 표의문자에서 표음문자를 만들어 쓴 것이면서도 일본의 가나와 한글은 근본적으로 다른 발상의 산물이라는 점을 잊어서는 안 된다.

일본의 가나는 그것이 히라가나든 가타카나든 이미 기존하는 한자를 원형으로 하여 만든 것이다. 말하자면 가타카나의 ア 자는 그와 발음이 똑같은 한자의 阿를, 그리고 히라가나의 あ 자는 한자 安의 초서를 각기 축약, 변형해서 만든 것이다. 한자의 伊에서 尹을 떼내어 亻자를 만든 것처럼 거의 손

대지 않고 그대로 갖다 쓴 글자들도 많다.

그러나 한글은 한자와는 전연 별개의 독자적인 체계에서 만들어진 문자다. 일본에 한자를 전수한 나라이면서도 오히려 한글 속에는 한자를 모방한 것은 하나도 없다. 무엇보다도 한글은 한자와는 달리 공간적 분절이라는 독특한 문자의 변별 특징으로 모든 문자를 구조화하고 있다. 한자는 물론 크게는 알파벳 역시 공간의 방향성이 문자의 차이를 만들어내지는 않는다. 가령 문자소의 방향을 뒤집어놓아도 다른 것과 혼동될 염려가 없다. 한자는 말할 것도 없고 영어의 경우에도 M 자와 W 자를 제외하면 문자의 방향성이 변별 특징으로 관여하는 일은 찾아보기 힘들다.

그러나 한글은 공간을 수직 수평으로 분절하여 그것을 문자소로 한 글자이기 때문에 그 방향성을 바꾸어 놓으면 글자 역시 다른 것으로 바뀌게 되는 경우가 많다. 특히 모음의 자소는 수평의 선을 중심으로 위아래에 점을 찍고 수직의 선에 안팎으로 점을 표시하는 것으로 그 식별의 차이성을 부여한다. 그래서 '오' 자를 써놓고 시계 방향으로 한 바퀴 돌리면 '아'가 되고 '우'가 되고 또 '어'가 된다.

또 한글에서는 한 글자를 전체의 방향성에서 떼내거나 공간의 위치가 결정되지 않으면 판독이 불가능해지는 경우도 생긴다. 그래서 옛날 문교부의 관리들이 '문'이라는 머리글자를 딴 공무원 뱃지를 달고 다닌 적이 있었는데 그것이 잘못하여 물구나무서게 되면 금세 '곰' 자로 둔갑하여 엉뚱한 뜻이 되고 만다.

그만큼 한글 문자는 말의 음운 구조와 마찬가지로 이항대립의 상호 관련성과 차이성에 의해서 구조화되어 있는 것이라고 할 수 있다.

한글은 전문용어로 에틱etic이 아니라 이믹emic의 문자다. 그래서 '오'는 '우'와 대응하고 '어'는 '아'와 맞선다. 모든 글자는 하나하나가 아니라 서로 얽혀진 관계 속에서만 의미를 획득한다. 자음의 경우도 ㄱ과 ㄴ의 공간적인 위치와 방향성을 기저로 하여 만들어진다. 말하자면 ㄱ과 ㄴ의 식별소를 첨가, 변형해간 것이 ㄷ, ㄹ, ㅁ, ㅂ이고 ㅋ, ㅌ, ㅍ의 문자들이다.

그러면서도 한글의 문자소들은 자의적인 것이 아니라 모두 유연화有緣化되어 있다. ㅣ의 수직은 사람이고 ㅡ의 수평은 땅이고 •은 하늘이다. 천지인天地人의 구성으로 우주가 형성되어 있는 것과 마찬가지로 문자 역시 우주를 반영하고 있다. 동시에 그 글자들은 그것을 발음할 때의 혀 모양을 상형적으로 나타낸 것이기도 하다. ㄹ 자만 보아도 우리는 금세 혀끝이 떨리는 모습을 상상하게 된다. ㄱ, ㄷ, ㅂ이 된소리가 되면 그 글자에도 강세의 획이 첨가되어 ㅋ, ㅌ, ㅍ이 된다.

한글은 한국인의 발상 양식이 구조주의적으로 되어 있음을 나타낸다. 한글 구조의 그 추상성, 공간성, 첨가와 삭제의 변화를 만들어내는, 그 모든 특징은 한국인의 기호론적 우주의 모델인 셈이다.

한약

생명을 위안하는 상형문자

병을 지칭하는 한국어의 '편찮다'나 영어의 'disease'는 다 같이 '편안하지 않다'라는 뜻에서 비롯된 말이다. 그러므로 병을 치료한다는 것은 육체만이 아니라 그 마음까지를 포함하여 편안하게 해주는 행위다. 몸만을 대상으로 하여 자동차를 수리하듯이 또는 로봇을 점검하듯이 해서는 진정한 치료라고 할 수 없다.

서양 의학은 과학적인 치료술에서는 앞서 있으나 환자의 마음을 편안하게 하는 인간적인 소통에 대해서는 배려가 부족하다고 할 수 있다. 아이들은 아무리 아파도 병원에 가기를 싫어한다. 병으로 아픈 것보다는 치료 쪽을 더 두려워하는 이 현상이야말로 근대 문명이 낳은 아이러니의 하나다. 아이들이 울면 "병원에 주사 맞으러 가야겠네"라고 겁을 주기도 한다.

위생적인 합리성만으로 구성된 병원의 환경인 흰색, 스테인리스제 의료기구, 딱딱한 의자들 같은 분위기 자체가 비인간적으로 다가온다. 약 이름을 보아도 그 약을 복용하게 될 환자의 마음 같은 것에는 크게 신경을 쓰고 있지 않는 것처럼 느껴진다. 한방 같으면 그 치료 효과야 어떻든 약 이름만 보아도 금세 병이 낳을 것 같은 기분과 적잖은 위로를 받는다. 다른 것은 그만두고라도 서양의 보약이라고 할 수 있는 비타민제까지도 실험실에서 쓰는 화공약품과 다름없이 비타민 A니 B니 C니 하는 알파벳이나 숫자의 부호로 이름 지어져 있다. 남녀가 서로 화합된다 하여 쌍화탕이니, 몸을 보한다고 하여 십전대보탕이니 하는 한약 이름과는 대조적이다.

서양 의사에게 이 약을 먹으면 낫느냐고 물으면 십중팔구 그 경과를 두고 보아야 안다고 대답한다. 그러나 한의사들은 대개가 다 한 첩이면 떨어진다고 장담을 한다. 전자가 환자를 과학적인 입장에서 다루려고 하는 데 비해서 후자는 물에 빠진 사람은 지푸라기라도 잡는다는 인간의 마음과 그 소통에 기본을 두고 있다. 눈을 날카롭게 뜨고 청진기를 들이대는 양의사의 지적 연출과 눈을 지그시 감고 명상에 잠긴 듯 진맥을 하는 한의사의 정적 연출 방식의 대조 역시 마찬가지다.

인간적 소통에 의해 병을 치료하는 한방의 궁극적 이미지를 가장 잘 표현해주는 것은 뭐니 뭐니 해도 그 약을 달이는 용기와 그 방법일 것이다. 모든 것이 해부도처럼 번쩍거리는 스테인리스의 의료기구와 달리 한방의 약탕기는 질박한 뚝배

기와 같은 질그릇이다. 약봉지에 쓰인 의사의 붓글씨는 약탕기의 뚜껑이 되어 신비한 부적 같은 디자인 효과를 발휘한다. 그뿐만이 아니라 한약은 정성 없이는 달일 수가 없다. 한약은 의사에게서 환자로 직접적으로 주어지는 것이 아니라 반드시 그것을 달이는 어머니나 아내, 가족의 손을 매개로 해서만 주어질 수가 있다.

어느 겨울날 밖에서는 추운 바람이 불고 벌판은 온통 흰색으로 뒤덮일 때 우리는 기침을 하면서 문득 약탕기와 초서로 흘려 쓴 신비한 그 상형문자들을 생각한다. 그리고 한약을 달이는 어머니의 따스한 손과 향기로운 감초 냄새를 느낀다. 그것은 김과 함께 아련히 피어오르는 생명과의 화해, 그리고 끝없는 위안의 언어들인 것이다.

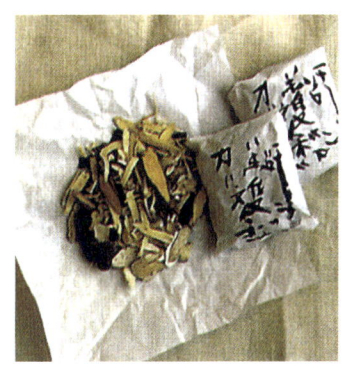

항아리

불의 자궁에서 꺼낸 육체

조각의 아름다움은 물체성에 있다고 말한다. 같은 사람을 나타낸 것이라 해도 그림으로 그린 초상화는 손으로 잡을 수 없지만 조각으로 된 것은 그렇지가 않다. 리하르트 하만 Richard Hamann의 말대로 물체는 물리학적으로 공허의 반대인 충실을 의미하게 되고, 그래서 속으로 뚫고 들어갈 수 없는 압력의 저항감을 불러일으킨다. 이런 특징 때문에 딱딱하면 딱딱할 수록 물체성이 높아진다. 조각가가 가능한 한 화강암과 같은 견고한 재료를 선택하게 된 이유도 여기에 있다.

물체성은 또한 형태성에 있다. 딱딱한 물체라 해도 벽처럼 계속되어 있는 연속체는 물체라고 부르기 어렵다. 그래서 둥근 구체에 가까우면 가까울수록 보다 물체적이라는 정의가 생겨난다. 따라서 물체의 표면에 너무 요철이 심하면 그만큼 물체성이 약해진다. 되도록 단순명료한 형태가 아니면 안 된다. 촉각적인 것만이 아니라 시각적으로도 물체성은 불가침입적인 불투명성을 띠어야 한다. 그래서 검거나 희거나 무채색일수록 물체성이 높아지고 반대로 유리처럼 투명한 것, 색채가 현란한 것은 조각의 재료로 부적당하다고 말한다.

이상과 같은 조각예술의 고전적 특성을 응용해서 한국의 항아리를 관찰해보면 어째서 그것이 단순한 용기 이상으로 뭇사람들의 미적 대상으로 사랑받아왔는지를 알 수 있다.

한국의 백자 항아리는 앞에 든 조각의 원초적 요소를 모두 구비하고 있다. 우선 항아리는 흙으로 빚은 것이라 해도 표면을 보석처럼 견고하게 구운 것으로 불가침입성의 고체성을 높여주고 있다. 그리고 항아리는 그 형태성이 구체에 가까운 것으로 보다 물체적인 촉각 운동을 증대시키고 있다. 표면 역시 살결처럼 매끄러워 응집성이 높고 색채는 극도로 배제되어 물체의 불투명성이 강조되어 있다.

딱딱하고 둥글고 매끄럽고 무색인 그 백자 항아리는 물체성을 최대한으로 살린 조각예술의 원형이 된다. 항아리는 만지지 말라는 경고문이 붙어 있는 미술관의 조각 작품과는 달리 손으로 만지고 들도록 되어 있는 생활 속의 조각이다.

항아리를 보고 있으면 저 물체의 조용한 세계, 뜨겁고 말랑말랑한 인간의 육체를 지니고는 도저히 도달할 수 없는 죽음 저편의 세계를 느끼게 된다.

그러나 항아리는 물체성을 지니고 있으면서도 실은 그 충실

한 물체성 안에 존재하지 않는 공허를 하나 가득히 품고 있다. 속이 텅 비어 있는 팽창감은 물체성과 정반대의 속성을 보여주고 있다. 견고하면서도 공허한 그 형태는 인간의 육체처럼 슬퍼 보인다.

항아리는 아무리 흠집이 없는 것이라 해도 깨어져 있는 것 같은 느낌을 준다. 만들어질 때부터 깨어져야 하는 것으로 운명 지어져 있는 것이 항아리다. 백자 항아리는 불의 자궁으로부터 꺼낸 또 하나의 슬픈 육체인 것이다.

호랑이

웃음으로 바뀌는 폭력

"호랑이여, 호랑이여, 밤의 숲속에서 불타오르는 빛이여"로 시작하는 윌리엄 블레이크의 시가 암시하고 있듯이 호랑이와 같은 맹수는 힘과 정복의 상징은 될지언정 사람으로부터 귀여움을 받는 동물은 될 수 없다. 그런데도 서울 올림픽의 마스코트인 호돌이는 한국인은 물론 온 세계의 귀염둥이로 각광을 받았다. 그것은 아무리 사람을 잡아먹는 무서운 맹수라 해도 일단 한국인의 문화 공간 속으로 들어오면 금세 그 이빨과 발톱이 뽑혀 시골 할아버지처럼 정답고 구수한 품격으로 변신되고야 마는 옛 전통의 산물이라고 할 수 있다.

《삼국유사》에 나오는 호랑이는 사람을 해치기는커녕 오히려 자신의 목숨을 던져 사랑하는 사람을 구해주는 살신성인의 신령한 모델로 그려져 있고(〈김현감호 金現感虎〉), 연암 박지원의 소설 〈호질〉 속에서는 부패한 유생을 꾸짖어 교화시키는 영특한 존재로 등장하고 있다.

그보다도 호돌이처럼 민화 속에 그려진 호랑이의 형상을 직접 보면 한국인의 상상 속에서 창조된 호랑이의 변신이 어떤 것인지를 알 수 있다.

많은 사람이 지적한 대로 한국 민화의 호랑이를 보면 두려움보다 웃음이 앞선다. 그 자세나 표정은 어디를 보나 공격적인 곳이란 한 군데도 없다. 그래서 실제로 그렇게 생긴 호랑이를 산길에서 만나게 된다면 도망치기보다는 불이라도 빌려 담배 한 대 태우면서 이야기를 나누고 싶은 생각이 들 것이다. 실제로 민화에는 호랑이가 장죽을 물고 토끼가 담뱃불을 붙여주는 유머러스한 장면이 나온다.

그런 만화적인 풍경이 아니라도 한국 민화에서 호랑이와 짝을 이루는 것은 까치다. 여러 가지 해석이 있지만 무엇보다도 분명한 것은 호랑이는 땅 위에 있고 까치는 하늘 위에 있다. 말하자면 호랑이는 땅을, 까치는 하늘을 각기 상징하는 것으로 우주의 공간을 나타내고 있는 우주론으로 볼 수 있다.

그러니까 호랑이와 까치의 매개체로 중앙에 소나무가 있는 경우, 그것은 바로 우주수의 의미를 띤다고 할 수 있다. 사실 토착 신앙을 보면 호랑이는 산신으로서 땅을 지킨다. 그러므로 무서운 호랑이는 가부장적 이미지라기보다 끝없이 우리를 낳아주고 포옹하는 대지로서의 어머니, ㄱ 자애의 성격을 띠게 된다.

한국에는 힘을 가진 폭군이나 권력자, 독재자들이 많았으나 끝내는 민화 속의 호랑이가 되지 않는 한 오래 버틸 수가 없었다. 말하자면 한국 문화의 풍토에서는 히틀러 같은 지도자는 탄생되기 어렵다. 한국인은 그 위험한 호랑이를 울타리에 가두어두는 것이 아니라 민화 속에서, 그 천진난만한 상상력 속에서 오히려 사랑스럽고 귀여운 것으로 변신시켜버렸다.

한국인들은 어떤 고난이나 폭력도 주걱으로 뺨을 친 형수에게 밥풀을 뜯어 먹게 다시 한번 때려 달라고 한 흥부의 익살처럼 냉큼 웃음으로 바꾸고 만다.

화로

불들의 납골당

인간이 만든 불의 용기는 크게 두 가지로 나눌 수가 있다. 하나는 불을 피우고 일으키는 기구고, 하나는 불을 담고 보전하는 기구다. 서양의 페치카나 스토브는 모든 도가니와 동질적인 것으로 불을 일으켜 태운다. 그러므로 아궁이와 굴뚝의 원리를 그 원형으로 삼고 있다. 부채나 부지깽이가 대표적인 소도구로서 발화의 목적이나 불꽃을 더 강렬하게 일으키기 위한 수단으로 쓰인다.

그러나 화로는 페치카와는 달리 후자, 즉 불을 보전하고 담는 용구다. 극단적으로 말해 페치카가 불의 탄생을 위한 것이라면 화로는 불의 죽음을 위한 것이라고 할 수 있다. 그렇기 때문에 화로는 불꽃의 원리에 의해 디자인된 것이 아니라 불이 다 타고 남은 재의 원리를 본질로 한, 역설적인 노(爐)인 것이다. 굴뚝이나 아궁이라는 개념이 없는 화로는 불들의 죽음, 그 불의 뼈를 담아두는 납골의 항아리라고 할 수 있다.

그렇다. 정말 한국의 화로는 그 형태나 그것을 만든 재료가 형형색색으로 모두 다르지만 한 가지 면에서만은 공통점이 있다. 그것은 불꽃을 담는 형태, 불의 무덤과도 같은 형태를 지니고 있다는 점일 것이다. 그래서 한국의 난방기구인 화로에서는 불을 헤쳐놓는 부젓가락보다는 그 재를 꼭꼭 묻어두고 다독거리는 인두가 오히려 주인 구실을 한다.

한국의 화로는 역설적이다. 그것은 식기 위해서 있다. "질화로에 재가 식어지면 빈 밭에 밤바람 소리 말을 달리고"라는 시구에서도 읽을 수 있듯이 화로는 불이 타오르는 것이 아니라 재가 식어가는 과정을 지켜보는 데 그 특징이 있다.

뜨거웠던 불덩어리가 싸늘한 재가 되어가는 과정, 화로의 참된 아름다움은 불꽃보다는 그 재 속에 있다. 한국의 화로는 근본적으로 불을 담아도 비어 있는 형태, 재의 형태를 모방하게 된다. 그러므로 미당 서정주의 시를 빌어 말하자면 화로의 아름다움은 봄의 아지랑이가 아니라 가을의 무서리, 꽃으로 치면 복숭아꽃이 아니라 국화꽃, 여인으로 치면 젊음의 뒤안길에서 돌아와 거울 앞에 선 누님, 그리고 새로 치면 날쌘 제비나 날카로운 발톱을 가진 매가 아니라 천년을 사는 학의 비상이다. 그러기 때문에 화로는 할아버지 방이나 할머니 곁에 있을 때 가장 잘 어울린다. 할아버지의 잠든 모습은 화롯가에서 가장 평화롭다.

젊음 속에만 미가 있다고 생각해온 외국의 관광객들은 한국의 노인들을 보고 놀란다. 의젓하고 당당하고 평화로운 그 신선 같은 모습에서 말할 수 없는 또 하나의 아름다움을 느끼게 되기 때문이다. 그렇게 어렵게 산 일생인데도 찌들고 뒤틀리고 왜소해진 노인이라는 느낌은 찾을 수 없다. 노인의 아름다움, 그것은 타오르는 불꽃이 아니라 사그라져 가는 불덩어리들을 주워 담는 화로의 문화, 그 재의 잔치에서 얻어진 미학이다.

나오며

1분간 멈추는 시선

우리는 사물을 보지 않는다. 본다기보다 사물 위를 그냥 스쳐 지나간다. 얼음판을 지치듯이 미끄러져 가는 것이다. 그러기 때문에 사물의 형태나 빛깔 그리고 그것들이 끝없이 우리를 향해 말하고 있는 이야기들을 듣지 못한다.

만약 우리가 시선을 멈추고 어떤 물건이든 단 1분 동안만이라도 가만히 들여다보면 그것들은 어김없이 먼지를 털고 고개를 치켜들 것이다. 이 세상에 처음 태어난 순간처럼 전연 낯선 얼굴로 우리 앞에 다가설 것이다. 모든 도구들은 필요한 물건으로서가 아니라 삶의 감동을 나누어주는 조형물이 되어 조용히 내 앞에 와 앉는다.

나는 한국인을 알기 위해서 도서관은 물론이고 굳이 박물관이나 미술관을 찾지 않는다. 우리 조상들이 남겨 놓은 생활용품들, 그리고 그것을 바라보는 그 시선의 멈춤을 통해서 나는 언제나 한국의 참모습들을 만나볼 수가 있기 때문이다. 친숙한 도구들을 낯설게 하는 방식을 통해서 때로는 한국인의 혼과 마음을 꺼내 보기도 하고 때로는 우주적인 질서나 아름다움을 느끼기도 한다. 나의 이 같은 놀이에는 양피지의 비밀지도를 들고 보물섬을 찾아가는 모험과 같은 은밀하고도 즐거운 긴장이 있다.

멈춰서 보기, 물끄러미 보기, 뒤집어 보기, 들춰보기, 흘겨보기, 견주어 보기, 눈감고 보기… 그리고 만지는 촉각마저도 시각화하여 '만져보기'라고 말하는 한국인의 그 다양한 영상·조형 문화를 어떻게 그 무딘 관념적 언어로 되살릴 수 있겠는가. 분명 그것은 어려운 시도일지 모른다. 하지만 여기 이 글들이 우리의 시선을, 그리고 세계인의 시선을 우리의 짚신 한 켤레, 호미 한 자루에 1분간만이라도 머무르게 할 수만 있다면 결코 내 언어의 패배에 대해서 나는 후회하지 않을 것이다.

항목풀이

가위　　서양에서는 기원전 2000년경 메소포타미아 지역에서 발견된 청동기 가위 유물이, 동양에서는 중국 뤄양 부근에서 발견된 기원전 200년경의 것이 가장 오래된 것으로 알려져 있다. 초창기 가위는 청동제로 U 자형과 8 자형, 손잡이 부분에 C 자 모양의 용수철로 연결된 스프링 가위가 대부분이다. 현재의 가위와 유사한 형태인 두 개의 날을 가진 가위는 100년경 로마 시대에 만들어졌다. 대부분이 철제 가위로 주로 재단과 미용, 의료용 등의 용도로 사용했다고 한다. 동양의 경우 중국 전한(前漢) 시대의 무덤에서 출토된 8 자형 가위가 가장 오래된 유물로 알려져 있다. 이 가위가 서양의 가위와는 달리 독자적으로 중국에서 발명되었는지, 또는 서양에서 전해졌는지는 앞으로 밝혀져야 할 문제다. 다만 중국의 것이 서양의 것보다 출현한 시기가 늦고 양자가 공통적인 원리를 갖고 있다는 사실이 후자일 가능성을 시사하고 있다. 우리나라에서 현재 알려져 있는 가장 오래된 가위는 삼국 시대의 것으로서 가위의 형태, 재료, 용도 등으로 보아 모두 중국을 거쳐 전래된 것이 거의 확실하다.

갓　　햇볕을 가리거나 비를 피하기 위하여 사용하기 시작하였던 특수한 용도의 관모로서 기본적으로는 방립형(方笠型)과 평량자형(平凉子型)의 두 가지 형태로 분류된다. 용구로서의 입형(笠型) 관모를 쓰기 시작한 것은 삼국 시대로 거슬러 올라갈 수 있으며, 나중에 재료나 수식(修飾), 제작 방법이 다양해지면서 조선 시대에는 여러 종류의 갓이 출현하였다. 그중에서 흑립(黑笠)은 갓의 발달 과정상으로 볼 때 맨 마지막에 정립된 관모로서, 조선 시대 500년을 이어 내려오는 대표적인 관모이기도 하다. 따라서 갓이란 넓은 의미로는 방립형, 평량자형에 해당하는 모든 종류의 것을 말하나 좁은 의미로는 흑립만을 지칭하는 것으로 오늘날의 갓이란 이 좁은 의미의 것을 말한다.

거문고　　우리나라의 대표적인 현악기로서 현금(玄琴)이라고도 한다. 오동나무와 밤나무를 붙여서 만든 울림통 위에 명주실을 꼬아서 만든 여섯 줄을 매고 술대로 쳐서 소리를 낸다. 소리가 깊고 장중하여 예로부터 학문과 덕을 쌓은 선비들 사이에서 숭상되었다. 지금도 가곡 반주나 거문고 산조 등에서 출중한 멋을 나타내고 있다. 《삼국사기》에 의하면 중국 진(晉)나라에서 보내온 칠현금(七絃琴)을 왕산악이 본디 모양을 그대로 두고, 그 법제를 많이 고쳐서 만들었다고 한다. 그러나 1932년 중국 지린성 지안현에서 발굴된 고구려의 고분벽화에 거문고의 원형으로 보이는 악기의 그림이 발견됨에 따라 거문고는 진나라 이전의 고구려에 이미 그 원형이 있었다는 설이 유력시되고 있다. 거문고는 고구려에서 신라로 전해져 세상에 널리 보급되었다고 한다.

골무   바느질할 때 바늘을 눌러 밀기 위하여 손가락에 끼는 재봉 용구로 바늘로 인해 손가락에 상처가 생기는 것을 방지하기 위한 것이다. 중국에서는 약 4,500년 전부터 명주가 생산되어 의복을 만들기 위한 바느질에 필요한 현재의 4분의 1가량의 짧은 바늘이 생겨났고, 이를 사용하기 위해 골무가 발명되었다. 한국에서는 BC 1세기에 낙랑에서 사용했음이 고분에서 발견된 골무로 밝혀지고 있다.

나전   칠공예 가식법(加飾法)의 하나로서 자개를 무늬대로 잘라 목심(木心)이나 칠면(漆面)에 박아넣거나 붙이는 기법을 말한다. 나전이 언제 어디서부터 시작된 것인지는 분명하지 않으나 중국 당나라 때는 매우 성행하여 나전 기술이 크게 발전하였다. 한편 당시의 나전은 대부분 남방산(南方産) 목심을 썼고 자개도 남해산을 쓴 것으로 보아 나전의 기법도 남방으로부터 전래된 것으로 추정된다. 송대에 이르러 나전법은 쇠퇴의 기미를 보이고 오히려 우리나라와 일본에서 성행하였다. 우리나라의 나전은 삼국 시대 때 당나라로부터 전래된 것으로 추정된다. 그 후 중국에서는 쇠퇴하였으나 우리나라는 고려 시대에 나전 기법이 눈부시게 발달하여 도자기 공예와 더불어 고려의 대표적 공예가 되었다. 그 후 고려의 나전 기술은 조선 시대로 전승되었고 일제 치하에서는 근근이 그 명맥만을 유지하다가 해방과 더불어 다시 개화하기 시작하였다. 특히 경제 성장기에 접어든 1960년대부터는 전례에 없는 전성시대를 맞이하게 되었으며 그 기법도 현대 감각에 맞추어 더욱 정교화하고 복잡화하고 있다.

낫   농작물 또는 풀·나무를 베는 데 쓰는 ㄱ 자 모양으로 생긴 농기구로서 농경의 발생과 더불어 발명되었다. 고대 동방에서는 이삭을 베는 데 돌로 만든 날을 끼운 낫을 사용하였고 벼농사를 많이 하는 동남아시아에서는 일찍부터 조개껍데기의 전을 갈아 벼 이삭을 자르는 데 썼으며 한국, 중국, 일본 등지에서는 조개껍데기 대신 납작한 돌로 만든 칼을 사용하였다. 쇠가 나온 뒤부터는 같은 모양의 철제품이 이것을 대신하였으나 그 전통은 화베이 지방, 몽골, 남만주 등에 전해져 좁쌀끌, 손톱낫 등으로 불리면서 쓰이고 있다. 오늘날의 낫과 같은 모양의 낫은 중국에서는 이미 신석기 시대의 돌낫으로 시작하여 쇠낫으로 바뀌었다. 낫은 계속 발전하여 날 뒤쪽을 구부려 여기에 자루를 만들어 끼웠는데 날과 자루는 둔각을 이루었다. 돌칼 모양의 손톱낫은 이삭을 자르는 데 썼고 쇠낫은 포기를 베는 데 썼으므로 이 두 종류의 낫의 교체는 농사 방법의 개량과 관련이 있다.

논   물을 채우고 작물을 재배하는 농지로서, 바닥은 판판하고 둘레를 흙으로 둘러쌓아 두렁을 만들고 관배수를 조절하기 위하여 관개 수로로부터 물이 흘러들어오는 곳에 취수(取水) 물꼬를, 물이 흘러나가는 곳에 배수(配水) 물꼬를 만든다. 논의 종류는 토양의 배수 상태에 따라서 건답과 습답으로 나누는데, 건답은 배수가 좋고 작토가 깊으며 투수성도 비교적 양호하고 퇴비를 다량 사용하여도 토양의 환원이 일어나지 않으므로 벼의 생육에 이상적이며 다수확 논이 여기에 속한다. 건답은 벼를 수확한 후 밭 상태로 보리, 귀리 등 후작물을 재배하는데, 이를 답리작 또는 이모작이라 하며 우리나라에서는 남부 지방에서 주로 시행된다. 습답은 배수가 나빠 항상 담수 상태로 있어 토양의 환원이 심하고 생산력도 일반적으로 낮으며 답리작을 할 수 없는 불편도 있다. 전 세계적으로 논은 벼농사가 이루어지고 있는 북위 51도에서 남위 35도까지의 지역에 속한 약 35개 국가에 퍼져 있는데, 주로 동남아시아의 각국과 동북아시아의 중국, 한국, 일본, 대만 등지에 분포되어 있다.

다듬이질   우리나라의 고유한 풍습으로 옷감의 구김살을 펴고 반드럽게 하는 방법을 말한다. 다듬잇감을 다듬잇돌 위에 올려놓고 다듬잇방망이로 두드리거나 홍두깨에 감은 다음 홍두깨틀에 의지하게 해서 방망이로 두드리면 홍두깨가 돌면서 골고루 다듬어지게 된다. 이렇게 해서 잘 다듬어진 옷감은 다림질한 것 이상으로 매끈하고 구김도 잘 지지 않는다. 다듬이질의 모습과 소리는 한국적인 독특한 정취이기도 하다. 어느 정도 두드린 후에 다시 펼쳤다가 접기를 되풀이하는 동안 빨래는 윤기가 나고 구김이 펴지며 풀기도 골고루 스며들게 된다. 방망이나 홍두깨는 모두 박달나무로 만드는데, 홍두깨는 보통 지름이 7~8센티미터의 굵은 목봉(木棒)의 표면을 곱게 깎아 길을 들여 매끄럽게 한 것으로 가운데가 약간 굵고 양 끝으로 갈수록 가늘게 되어 있다.

담   집과 집의 경계를 표시하고 통행을 금지하며 도난을 방지하기 위한 설치물이다. 간단한 구조로 된 것을 울타리라 하고 튼튼하게 된 것을 담 또는 담장이라고 하며 재료에 따라 돌담, 벽돌담, 블록담 등이 있다.

담뱃대   잘게 썬 담배를 피울 때 사용하는 기구의 하나로 대통(雁首), 설대(煙道), 물부리 등의 세 부분으로 이루어져 있다. 설대가 길어서 연기가 식어야 담배 맛이 좋다고 한다. 설대가 길고 대통이 작은 것이 파이프와 다르며 한국, 중국, 일본 등에서 주로 사용하고 있다. 우리나라에 담배가 들어온 시기는 1618년경이고, 담뱃대는 17세기 초엽경에 이미 널리 보급되어 있었다. 18세기 김홍도, 김득신 등의 풍속도를 보면 양반이 대개 담뱃대, 특히 장죽(長竹)을 물고 있는 모습들이 그려져 있다. 담뱃대는 긴 것과 짧은 것이 있는데, 전자를 장죽이라 하고 후자를 곰방대라고 한다. 장죽은 당시 양반의 권위의 상징처럼 되었다가 담배가 대중에게 보급되면서 장죽 역시 널리 퍼졌지만 일반 서민들의 일상 활동에서 장죽은 거추장스러울 수 밖에 없었으므로 설대가 점점 짧아졌으리라 생각된다. 그 후 곰방대도 점점 짧아져서 오랜 세월이 지난 후에는 호주머니 속에 휴대할 만큼 짧아졌다. 현재는 궐련이 보급되어 잘게 썬 담뱃잎의 수요가 날로 감소함으로써 담뱃대는 거의 그 자취가 사라져가고 있다.

돗자리 왕골이나 골풀의 줄기를 잘게 쪼개서 친 자리를 말한다. '돗'은 '자리' 또는 '돗자리'를 뜻하며 초석(草席), 기직, 밀짚자리 등도 포함된다. 이 밖에 넓은 의미의 자리로는 멍석이 있으며 농가에서는 여름밤에 마당에 모닥불을 피워놓고 이를 펴서 자리로 사용한다. 돗을 자리와 돗자리로 굳이 구분하는 것은 재료에 있어서는 같은 왕골을 쓰고 있으나 제조 방법에 차이가 있기 때문이다. 자리는 날을 고드랫돌에 감아 가로장목에 늘여놓고 골을 대어 엮어나가고, 돗자리는 가마니틀과 비슷한 돗틀에 머리날을 걸어두고 골을 바늘대에 걸어 지르고 바디질을 하여 짠다. 즉 자리는 날이 밖으로 노출되지만 돗자리는 날이 속으로 감춰지는 것이 특징이다.

뒤주 쌀, 콩, 팥 등 곡식을 담아두는 수납용 세간이다. 재료는 회화나무가 가장 좋으며 두꺼운 통판으로 듬직하게 궤짝처럼 짜고 네 기둥에는 짧은 발이 달려 있다. 뚜껑은 위로 제쳐서 열 수 있고 무쇠 장석과 놋 장석 등을 단다. 쌀 뒤주는 보통 쌀 한두 가마들이의 크기고 잡곡 뒤주는 서너 말들이로 쌀 뒤주보다는 작다. 전라북도 김제시 장화동에 보존되어 있는 조선 시대(고종 초기)의 약 70가마들이의 초대형 쌀 뒤주는 옛날 한국 부호들의 모습을 알려주는 특이한 유물의 하나다.

떡 멥쌀과 찹쌀을 주로 하고 그 밖의 곡류로 만든 가공식품으로서 관혼상제의 의식은 물론 철에 따른 명절, 출산에 따르는 아기의 백일이나 돌, 또는 생일, 회갑, 그 밖의 잔치에 빼놓을 수 없는 중요한 음식이다. 떡은 만드는 재료나 방법에 따라 종류가 많으며, 지역이나 각 가정의 형편에 따라서도 그 종류가 다양하다. 대개 곡식을 가루로 빻아서 축축하게 습기가 있는 깃을 그대로 시루에 안쳐서 찌거나, 물을 섞어 반죽한 후 빚어서 찌거나 삶으며, 번철(燔鐵)에 기름을 두르고 지져서 익힌다. 인절미나 흰떡은 떡을 찐 후 안반에 놓고 떡메로 쳐서 만든다.

매듭

두 가닥 이상의 명주실을 꼬아 실을 합치고 갖가지의 빛깔로 염색하여 끈목을 친 다음 그 굵고 가는 끈목을 두 가닥으로 늘어뜨려가며 각종 모양으로 맺은 것을 말한다. 혹은 술을 중심으로 꾸미기도 하는데 모두 복식(服飾)이나 의구(儀具)의 장식으로 사용된다. 한복에 다는 노리개와 장엄구로 늘이는 유소(流蘇) 등이 그러한 것들이다. 인간이 다른 동물로부터 이탈하여 새로운 문화를 형성한 기반으로서 '불의 발견', '동·철기의 제조', '문자의 발명' 등을 들 수 있으나 여기에 덧붙여 '매듭 기법의 습득'을 첨가하지 않을 수 없다. 매듭 기법을 발견함에 따라 인류는 처음으로 수렵이나 어로, 주거의 건축, 물건의 운반 등이 가능하게 되었으며 이는 나아가서 기억·표지(標識), 문자적 구실, 무늬의 형성 등 그 당시의 원시 문화를 형성하기 위한 기반이 되었던 것이다. 즉 매듭이야말로 인류가 습득한 최초의 건설적인 기술이었다.

맷돌

주로 곡식을 갈아서 가루로 만들 때나 물에 불린 곡식 등을 갈 때 쓰는 매의 하나다. 둥글넓적한 두 개의 아랫돌과 윗돌이 한 짝으로, 아랫돌의 중심에 박은 중쇠에 윗돌 중심부의 구멍을 맞추어 회전하게 하고 윗돌에 구멍을 꿰뚫어 파서 갈 것을 넣게 하였으며 윗돌 옆에 수직으로 달려 있는 맷손을 잡고 오른쪽으로 돌려 간다. 이것을 맷돌질이라고 하며 맷돌질을 할 때는 맷돌 아래짝을 커다란 함지에 고정시켜 놓고 위짝의 중심부에 있는 구멍을 중쇠에 끼워 맞추고 한 사람 또는 두 사람이 마주 앉아 가는데, 두 사람일 경우 한 사람은 갈 것을 넣고 다른 한 사람은 맷손을 돌릴 때 호흡을 제대로 맞추어야만 맷돌질이 쉽고 고르게 잘 된다. 강원도 죽령 부근에는 통나무를 높직하게 자른 두 개의 나무를 중채로 연결시키고 아래위의 대면은 서로 이가 맞도록 잔 홈을 파서 곡식을 가는 나무매가 있다. 또 제주도에는 네 명이 함께 돌려야 하는 맷돌이 있다. 그리고 보통 맷돌보다 곱게 갈 수 있는 풀매가 있는데 주로 모시나 명주 등에 먹일 풀을 만들기 위한 쌀을 갈 때에 쓴다. 이것은 아랫돌에 높은 받침이 붙어 있고 아랫돌이 윗돌보다 넓으며 주위에는 홈이 패어 있어 갈린 것이 저절로 흘러내리게 되어 있다. 지금도 농촌에서는 콩, 팥, 메밀, 녹두 등을 갈 때 많이 쓴다.

무덤

무덤이나 뫼를 나타내는 한자로는 능(陵), 원(園), 묘(墓), 총(塚), 분(墳) 등이 있다. 무덤의 주인을 알 수 있을 때 능, 원, 묘로 나뉘며 주인을 알 수 없을 때는 총이나 분으로 구별된다. 능은 왕이나 왕비, 원은 왕세자와 왕세자빈, 왕의 부모, 묘는 그 외의 모든 이들의 무덤을 뜻한다. 총은 무덤에 벽화나 금관 등 특이한 유물이 있거나 다른 무덤과 차별화되는 점이 있을 때 붙이는 이름이며, 당시 지배 세력의 무덤일 가능성이 높다. 분은 특징이 없는 평범한 무덤을 말한다.

물레방아　　　　냇가에 물길을 만들어 물이 떨어지는 힘으로 곡식을 찧도록 만든 기구로 수차(水車)라고도 한다. 물레방아는 큰 나무바퀴와 굴대에 공이를 장치하여 쏟아지는 물이 나무바퀴를 돌리며 굴대에 꿰어진 넓적한 나무가 방아채의 한끝을 눌러 번쩍 들어 올렸다가 떨어뜨리고, 그때 그 끝의 공이가 확 속의 곡식을 찧도록 되어 있다. 방아채와 공이의 동작이 자동으로 되기 때문에 사람이 없어도 찧을 수 있으며, 공이가 양쪽으로 두 개가 물려 있어 엇갈려 찧어지는 것과 한 개만 있는 것 등이 있다.

바구니　　　　대나 싸리 등으로 안을 깊숙하게 만든 그릇으로 신석기 시대부터 사용된 것으로 생각되며 이집트에서는 5,000년 전의 제조법이 현재에도 사용되고 있다. 우리나라에서는 특히 전라남도 담양의 죽세공이 유명하며 대를 가늘게 쪼개어 섬세한 세공을 하거나 또는 염색을 하는데, 아름답게 만든 것은 우리나라 특산품으로 외국에 수출되기도 한다.

바지　　　　바지라는 용어는 정인지(鄭麟趾)가 파지(把持)라고 기록한 것이 최초이며 영조 때의 《국혼정례(國婚定例)》, 《상방정례(尙方定例)》에도 모두 파지라고 기록되어 있다. 그리고 왕과 왕비의 바지는 특별히 봉디라 하였다. 남자 바지는 삼국 시대의 고(袴)가 계속 입어오는 동안에 형태가 조금씩 변해서 고려 말경에서 조선 초기에 걸쳐 현재와 같은 모양이 되었다. 여자 바지는 삼국 시대에는 고라고 하여 겉옷으로도 입었으나 치마를 주로 입게 된 후로 바지는 속옷이 되었으며 노소(老少)가 다 입었다.

박　　　　전체에 짧은 털이 있는 덩굴풀로 줄기의 생장이 왕성하고 각 마디에서 많은 곁가지가 나온다. 잎은 잎자루가 있으며 어긋나고 심장형이나 얕게 갈라져 있다. 박과(科) 식물의 꽃은 대부분 황색이지만 박은 일부 야생종을 제외하고는 모두 백색을 띠고 있다. 보통 17~18시에 개화하여 다음 날 아침 5~7시에 시드는 것이 특색이다. 박의 원산지는 인도·아프리카 지방으로 이 지방에는 야생종이 현존하고 있다. 중국에서는 2,000년 전부터 재배되었으며, 중국을 통하여 우리나라로 들어온 것으로 추측된다. 열매의 속을 파내고 쪄서 말려 바가지로 사용한다.

방석　　　　보통 방석이라면 솜방석을 말한다. 솜방석은 견직물, 면직물 또는 합성직물을 네모반듯하게 자루 모양으로 꿰매어 속에 솜을 두어 푹신하게 만들며 주로 겨울용으로 쓰인다. 왕골방석은 왕골 속의 희고 연한 부분을 골라 뽑아서 엮어 만들어 여름에 깐다. 꽃방석은 자리를 매는 왕골 껍질로 둥글게 또는 네모지게 엮어, 가운데 화조(花鳥)나 네투리에 무늬를 색실로 수놓은 듯이 넣어서 여름에 깐다. 밀대방석은 밀짚으로 두툼하게 엮어서 여름철에 옥외에서 사용한다.

버선

우리나라 특유의 것이며 남녀 모두 신었는데 문헌에서 한글로는 '보션', 한자로는 말(襪), 족의(足衣), 족건(足巾) 등으로 표현되어 있다. 1527년 최세진(崔世珍)이 쓴 《훈몽자회(訓蒙字會)》에는 '보션말'이라고 쓰여 있는 것으로 보아 그 이전부터 보션이라고 불리었음을 짐작할 수 있다. 처음에는 발을 보호하는 수단으로 보자기 같은 것을 이용하여 감싸던 것이 점차 발달하여 오늘날의 고들목버선에까지 이르렀다. 모양은 끝(버선코)이 뾰족하여 위로 치켜졌고 발이 들어가는 부분(버선목)에 비해 회목이 조금 좁게 되어 있는데 버선목의 바느질 눈이 오른쪽으로 된 것은 오른발, 왼쪽으로 된 것은 왼발에 신어 좌우의 구별을 한다. 오늘날에는 양장을 주로 입고 그에 따라서 양말을 신기 때문에 버선의 수요가 줄어들었다. 그러나 한복에는 새하얀 버선을 곱게 신어야 맵시가 제대로 난다.

베갯모

베갯모는 모양과 질만 다를 뿐 누구나 사용할 수 있는 생활필수품이다. 조선조 여인들은 좋은 꿈을 꾸고 그들의 소망이 이루어지기를 바라는 마음에서 매일 접하는 베갯모에 많은 정성을 기울여 수놓았다. 즉 베갯모의 문양만을 통해서도 조상들의 일상생활 용구를 아름답게 장식하기 위한 미적 감각과 아울러 토속적인 민속 사상까지 함께 엿볼 수 있다. 조선 시대 여성의 풍속을 살펴보면 유교 의례적인 것과 무속 의례적인 것으로 혼합되어 있음을 알 수 있다. 유교 사상으로 조선 여인들은 '다남다복(多男多福)', 즉 아들이 많을수록 다복한 것으로 생각했다. 따라서 그들에게 최상의 의무는 아들을 낳는 일이었으므로 자연히 '다산다남'을 소원하였다. 조선조 여인들이 무속적 신앙에 기울어지지 않을 수 없는 필연성이 여기에 있었던 것이다. 따라서 조선 여인들의 내면 생활에 뿌리 깊이 박힌 이 무속을 그들이 수놓은 베갯모의 문양에서도 읽을 수 있다. 그들은 다남을 소원하는 문양을 일상생활과 밀접한 관련이 있는 생활 용구인 베갯모에 장식하여 그들의 염원이 이루어지도록 기원했다. 이 밖에도 현세에서 부귀와 장수를 누리고 싶어 하는 현세적인 유교 사상과 소박하고 꾸밈없는 도교의 자연주의 사상을 각종 재료로 만든 베갯모들의 문양에서 볼 수 있다.

병풍

바람을 막거나 장식용으로 방 안에 둘러치는 물건이다. 본래의 구실은 바람을 막는 것이었으나 현대에는 그림이나 자수, 글씨 등을 감상하기 위하여 사용하는 경향이 더 짙어졌다. 접거나 펼 수 있게 만들어 방 안에 치면 실용성과 예술성을 겸할 수 있다. 중국 한나라 때부터 만들기 시작하여 당나라 때에 널리 사용되었다. 우리나라에서는 686년(신라 신문왕 6년)에 일본에 금·은·비단과 함께 수출했다는 기록이 있다. 고려 시대에도 여러 문집 가운데에 병풍에 관한 기록이 많이 있음을 보아 사대부의 가정에서 널리 사용되었음을 알 수 있다. 조선 시대에도 초기의 작품은 전하지 않으나, 중기 이후부터 말기에 걸쳐 그림과 수를 놓은 병풍이 많이 전해지고 있다. 현재는 10폭과 8폭, 12폭짜리가 많이 이용되고 있다. 이 밖에도 6폭, 4폭, 2폭의 것이 있는데 2폭의 것은 속칭 가리개라고 부른다. 또 머리맡에 치는 침병(枕屛), 한 주제의 그림만으로 꾸민 왜장병(倭粧屛), 여러 가지 주제의 작은 그림이나 글씨, 탁본 등을 붙이거나 기타 도장 등을 찍어 꾸민 백납병(百納屛), 수를 놓아 꾸민 수병(繡屛) 등이 있다. 특수한 것으로는 궁전에서 용상 뒤에 치는 일월병(日月屛)이 있는데, 이것은 흔히 쓰이는 산수화, 화조 등의 그림으로 꾸미는 것이 아니라 해와 달에 십장생을 당채(唐彩)한 것이다. 수병은 회화성이 있는 그림이면 어느 것이나 주제가 될 수 있는 넓은 범주를 가지고 있다.

보   물건을 싸거나 덮기 위해 네모지게 만든 천으로 작은 것은 보자기라고 한다. 옛날에는 용도도 복잡하고 그 종류도 많았는데, 이불보를 비롯하여 상보, 패물보, 편지보, 노리갯보, 수보, 날염보, 조각보 등이 있었다. 용도에 따라 홑으로 된 것도 있고 겹으로 된 것도 있으며, 음식물을 덮거나 싸는 것은 안에 유지(油紙)를 받치기도 하였다. 혼인할 때 필수적으로 마련해야 했던 이불보는 대개 무명으로 만들어 주황염(朱黃染)을 들이고 곱게 다듬어 그 위에 먹물을 능화판(菱花版)에 칠해서 이불보 전면에 찍었다. 오늘날에는 합성수지 제품이 만들어져 시판되고 있다.

부채   손에 쥐고 흔들어서 바람을 일으켜 더위를 덜게 하거나 불을 일으키게 하는 데 쓰이는 물건으로, 가는 대오리로 살을 만들고 종이 또는 헝겊을 발라 만든다. 한국에서 가장 질이 좋은 부채는 전라북도 전주, 전라남도 나주 등지에서 나는 부채다. 부채는 원래 더위를 쫓는 데 쓰였으나 점차 의례용 또는 장식용으로도 쓰이게 되었다. 혼례 때 신랑·신부의 차면용(遮面用)으로 쓰는 것은 의례용의 예이며 화가, 서가, 문인 등이 부채에 그림이나 시구를 써넣은 것을 집 안에 보관하는 것은 장식용의 예에 들 것이다. 그 밖에 한국 고전무용에는 부채를 가지고 춤을 추는 부채춤이 있으며 무당들이 굿을 할 때에도 부채는 필수적인 물건이다. 가정에서 실용적으로 쓰는 부채는 단선(團扇)으로 자루가 길어 파리나 모기를 쫓는 데 편리하고 다리미 불을 일으키는 데 사용한다. 또 단선에는 바퀴 모양으로 만든 것이 있는데 이것은 마치 양산같이 펴서 햇볕을 가리는 데 쓴다.

붓   짐승의 털을 추려서 모아 원추형으로 만들어 죽관(竹管) 또는 목축(木軸)에 고정시킨 서화 용구. 털을 모아 만든 호(毫)의 끝을 봉(鋒), 호의 끝부분 반을 전호(前毫), 호와 대를 연결하는 필두(筆頭)까지의 짧은 털은 부호(副毫)라 한다. 털로 된 모필 이외에도 죽필(竹筆), 고필(藁筆), 갈필(葛筆) 등 특수한 것이 있다. 호는 주로 토끼털, 양털을 비롯하여 이리,

너구리, 사슴, 족제비, 말, 고양이, 노루 등의 털을 사용하는데 쥐수염, 닭털, 태발(胎髮) 등으로도 붓을 맨다. 털이 부드러운 붓을 유호필(柔毫筆), 탄력이 큰 털로 맨 붓을 강호필(剛毫筆)이라 하고 유호에 강호심(剛毫芯)을 박은 것을 겸호필(兼毫筆)이라 한다. 또 털의 길이가 긴 것을 장봉(長鋒), 짧은 것을 단봉(短鋒), 보통의 것을 중봉(中鋒)이라 한다.

상

음식을 먹을 때 식기를 올려놓도록 만든 살림 도구의 하나다. 상은 다리와 판으로 이루어졌는데, 다리는 하나(일주반) 또는 셋으로 된 것(삼각반)도 있으나 대부분 네 개(사각반)이고, 그 위의 판에는 얕은 전이나 난간을 두르기도 했으며 여러 가지 조각으로 기교를 가한 것이 많다. 또 상은 생김새, 만들어진 고장의 이름, 그리고 만들어진 나무 이름 등에 따라 여러 가지 명칭이 붙여진다. 우리나라에서 언제부터 상을 사용하였는지는 분명치 않으나, 고구려 고분벽화나 신라 고분에서 출토된 토기 중에 타원형의 소반 그릇이 있음을 보아 그 역사가 상당히 오래되었을 것으로 여겨진다. 조선 시대 후기에 가장 많이 발달하였는데 이때의 것에 좋은 물품이 많다. 오늘날 우리가 볼 수 있는 가장 오래된 상은 200년 전후의 것들로서, 각처 박물관 또는 개인이 소장하고 있다.

서까래

지붕판을 만들고 추녀를 구성하는 가늘고 긴 각재(角材)를 말한다. 건물 중앙 부분의 서까래는 평행하게 나란히 걸린 모습 때문에 평서까래라고 부르고, 지붕의 네 귀퉁이에 있는 큰 서까래를 귀서까래 또는 추녀라고 부른다. 추녀 사이에 거는 서까래에는 중도리에 하나의 꼭짓점을 두고 부챗살처럼 거는 선자서까래와 꼭짓점을 중도리 안쪽의 가상 지점에 두고 추녀 양쪽에 엇비슷하게 거는 말굽서까래가 있다.

수저

조석 식사에서 숟가락과 젓가락을 함께 쓰는 관습은 우리나라의 고유한 풍속이다. 밥을 떠먹기 위한 도구로 숟가락을 사용하고 젓가락은 반찬을 집어 먹기 위하여 사용한다. 상차림에서는 반드시 이 두 가지를 함께 상에 놓도록 되어 있다. 초기에는 조개껍데기나 나무를 깎아서 사용했으리라 추정되며 주물의 생산이 가능하게 된 후부터는 백통, 놋쇠, 금, 은 등이 수저의 재료로 가장 많이 사용되었다.

신발

신발의 기능은 발의 보호와 장식, 보행 또는 일의 능률 증진 등 여러 가지가 있겠으나 기원을 살펴보면 발의 보호가 가장 중요한 것이었다. 태곳적에는 물론이고 후대에도 맨발로 보행하는 경우가 매우 많았고 신발은 특수 계급층에서만 신을 수 있는 것이었다. 고대인이 기후가 불순할 때 또는 황무지를 여행할 때 무엇인가 발을 보호할 것이 필요하게 되면서 자연의 것, 즉 나무껍질, 나뭇잎, 덩굴, 동물의 가죽 등을 사용해서 신발을 만든 것으로 짐작된다. 신발의 재료로 고대로부터 짚, 목재, 가죽이 쓰였고 최근에는 고무, 플라스틱 또는 이런 재료를 함께 배합해서 쓰는 경우가 많다. 신의 구조는 그 발생지의 기후 풍토가 영향을 주는 것은 물론이고 의례적·계급적 성격이 신을 통해 나타나기도 한다.

씨름   샅바나 띠를 넓적다리에 걸친 두 사람이 서로 부둥켜 잡고 힘과 재주를 부려 상대방을 먼저 넘어뜨리는 것으로 승부를 내는 우리나라 고유의 운동이다. 원시 사회에서는 맹수나 타 종족과의 싸움에서 이겨야 살 수 있었으므로 생활 수단으로서의 투기(鬪技) 또는 자기를 보호하는 무술로서 행해졌다. 또한 농경 사회의 제례 행사에서 여흥의 하나로서, 음력 5월 5일 단오, 음력 7월 보름, 음력 8월 한가위 때면 전국 각처의 장정들이 모여 시합을 벌였다. 최종 승자에게는 부상으로 황소 한 마리가 주어졌는데 이는 씨름을 하는 사람들이 대부분 농사를 짓는 농민이었으므로 민가에서 가장 귀한 재산 중의 하나가 소였을 것이며, 농사의 대부분이 소의 힘을 빌려야 했던 사회였기 때문에 황소만큼 푸짐한 상품은 없었을 것이다.

연   연날리기는 세계 각국에 광범위하게 분포되어 있고, 특히 한국, 중국, 일본에서 성행하고 있어 나라마다 그 명칭도 다양하다. 연의 역사는 기원전 400년대에 그리스인이 처음으로 만들었다는 기록이 있으며, 중국의 경우 기원전 200년경 한신(韓信)이 군사적인 목적에서 연을 만들었다는 기록이 있다. 우리나라의 기록은 중국보다 약 800년 뒤진다. 《삼국사기》를 보면 신라 선덕여왕 말년에 김유신 장군이 밤에 불을 붙인 연을 하늘로 올려 민심을 수습하였다는 기록이 있다. 연날리기는 지금도 행해지는 민속놀이로 오락성과 민속 신앙적인 양면성을 지니고 있다. 민속 신앙적인 놀이로는 '액막이 연날리기'를 들 수 있는데, 옛날부터 정월 대보름날이면 연에 '厄(액)' 또는 '送厄(송액)'이라 써서 높이 날려 보냄으로써 액을 쫓아 보낸다는 풍습이 전해지고 있다. 오락적인 것으로는 연싸움이 있는데, 두 사람 이상이 연을 높이 띄우고 서로 연줄을 풀었다 감았다 하면서 상대편의 연줄을 끊어 연을 날려 보내는 놀이로, 지금도 매년 열리는 연날리기 대회에서는 연싸움이 벌어진다.

엽전   대개 둥글고 납작하며 가운데에 네모난 구멍이 있다. 중국의 진나라가 천하를 통일하면서 주조한 반량전(半兩錢)을 엽전의 효시라 할 수 있다. 그 후 이러한 형태의 엽전은 청대(淸代)에 이르기까지 중국 화폐의 기본형이 되었으며, 우리나라와 일본 등에서도 그 영향을 받아 거의 같은 형태의 엽전이 주조되었다. 당나라에서 주조, 발행된 엽전이 고려 시대에 다량으로 유입되어 996년 이를 모방해 주조한 '건원중보'가 우리나라의 엽전의 시초로 알려져 있다.

윷놀이
삼국 시대 이전부터 전해오는 한국 고유의 민속놀이로 대개 정월 초하루부터 보름날까지 행하는 것이 상례로 되어 있다. 네 개의 윷가락을 던지고 그 결과에 따라 말[馬]을 사용하여 승부를 다투는 민속놀이다. 노는 방법은 먼저 스물아홉 개의 동그라미를 그린 윷판을 펴놓고 두 명 또는 세 명(인원수가 많을 때에는 두 패 또는 세 패로 편을 나누어서 한다)이 서로 윷가락을 던져서 끗수가 많고 적음에 따라 선후 차례를 정한다. 그리고 윷말을 각자 또는 각 편이 네 개씩 가지고 사용한다. 게임은 정해진 선후에 따라 시작한다. 윷가락을 던져서 네 개가 다 엎어진 것은 '모', 네 개가 다 잦혀진 것은 '윷', 한 개가 엎어지고 세 개가 잦혀진 것은 '걸', 두 개가 엎어지고 두 개가 잦혀진 것은 '개', 한 개가 잦혀지고 세 개가 엎어진 것은 '도'라고 한다. 그리고 윷말의 행마를 보면 도는 한 발, 개는 두 발, 걸은 세 발, 윷은 네 발, 모는 다섯 발을 간다. 말 네 개가 모두 첫발[入口]인 도에서 출발하여 참먹이[出口]를 먼저 빠져나가는 편이 이긴다.

이불
잠잘 때 몸을 덮어서 보온하는 이부자리의 하나를 말한다. 이부자리란 이불과 요를 말하고, 이부자리와 베개를 합쳐서 금침이라고 한다. 이불은 침구 중의 필수품으로 《고려도경》에 수침(繡枕), 침의(寢衣)라는 말이 있고, 조선 시대의 금침발기의 이불과 베개에 관한 기록에서 역사적인 내력을 알 수 있다. 왕의 침구는 그 색채와 천이 극히 호화로웠는데, 그 품목을 적은 발기는 궁중에 약 1,000여 점이 있었다. 오늘날의 침구는 휴식에 대한 중요성을 높이 인식하여 안락감, 위생, 보온성과 청량감을 만족시키는 것으로 재료와 모양이 다양해졌다. 또한 서양화된 생활 방식으로 인하여 전통 방식보다는 실내장식과 어울리는 이부자리 사용이 많아졌다.

장롱
우리나라는 사계절의 구별이 뚜렷하므로 철에 따라 여러 종류의 옷들이 필요하며 이것들을 넣어 보관할 수 있는 장과 농이 있어야 한다. 여러 층으로 되어 있어도 옆널(울타리)이 길게 하나의 판으로 된 것은 장(欌)이라고 하는데, 이것에는 2층장과 3층장이 있다. 이에 반해 2층, 3층이 각각 분리되어 구성된 것을 농(籠)이라고 한다.

장독대
한국 가정의 필수적 설비로, 대체로 햇볕이 잘 드는 동쪽에 설치하는데 대지가 넓은 집은 뒷마당에 만들고 좁은 집에서는 앞마당에 만든다. 장독대를 얼마나 잘 가꾸는가에 따라 주부들의 살림 솜씨를 평가하기도 하였기 때문에 예전의 부인들은 장독대를 청결히 관리하는 데에 큰 노력을 기울였다. 우리 민족이 식생활에서 장류의 가공과 저장에 얼마나 힘썼는지를 가장 잘 나타내주는 것의 하나이기도 하다.

장승 돌로 만든 석장승과 나무로 만든 목장승이 있는데, 대개 목장승이다. 지역 간의 경계표 또는 이정표의 구실을 하지만 액운이 들었을 때나 질병이 전염되었을 때 제사 지내는 일이 있는 것으로 보아 마을의 수호신으로서 더 큰 역할을 함을 추측할 수 있다. 오늘날에는 소멸하는 과정에 있어서 찾아보기 어려우나 옛날에는 마을마다 또 동구 길목마다 거의 있었고, 사찰의 입구에도 있었다. 장승의 기원에 대해서는 고대의 남근 숭배에서 나온 것이라거나 장생고(長生庫)에 속하는 사전(寺田)의 표지(標識)에서 나온 것이라거나 목장승은 솟대[蘇塗]에서, 석장승은 선돌[立石]에서 유래된 것이라는 등 여러 가지 설이 있으나 확실한 기원은 알 수 없다.

종 우리나라에서 종이 지니는 공예로서의 높은 예술성은 불교의 융성과 깊은 관계를 맺으면서 발전하였다. 불교의 전래와 더불어 불교 사상이 민간에 깊숙이 침투하면서 종의 생산이 증가하고 양식적으로 독특한 발전을 하게 되었다. 범종(梵鐘)은 한국 종을 대표한다. 원래 범종은 시간을 알리는 기능도 있지만 동시에 그 종소리에 종교적 의의를 부여하였다. 제야(除夜)의 종도 신년의 도래를 알리는 시종(時鐘)임과 동시에 백팔번뇌를 없애는 공덕을 찬미하는 것이기도 하다. 종소리에서 제행무상(諸行無常)을 느끼고 번뇌, 사악(邪惡)으로부터의 구제를 기원하였다. 이렇게 종은 불교의 무상관(無常觀)과 결부되어 종에 대한 신앙으로까지 승화되었다. 한국의 종은 세련된 외관과 더불어 고도의 주조 기술로 세계적으로 손꼽히는 공예품으로서 확고한 위치를 차지하고 있다.

지게 짐을 얹어 사람이 지고 다니는 우리나라 특유의 운반 기구로 곧은 나뭇가지가 비스듬히 옆으로 돋은 장나무 두 개를 잘라 위는 좁고 아래는 약간 벌어지게 나란히 세우고 사이에 나무나 세장을 가로질러 사개를 맞추고 있다. 등이 닿은 곳은 짚을 엮어 두툼히 대고 아래위로 밀삐를 두 개 걸어 등에 지도록 만든 것이다.

초롱 대오리나 철사 등으로 살을 만들고 겉에 종이나 붉고 푸른 비단을 씌워 그 속에 촛불을 켜게 되어 있다. 걸어놓기도 하고 들고 다니기도 하는데 옛날에는 그 종류가 매우 많았다. 걸어놓는 등은 흔히 처마 끝이나 대문 또는 대청에 걸고 때로는 부엌에도 걸었다. 손에 드는 휴대용 초롱은 밤길을 갈 때에 요긴하게 쓰였으며, 조족등(照足燈)과 같이 모양이나 구조가 특이한 초롱도 있었다.

치마 아득한 옛날부터 여자들이 입었던 하의로 삼국 시대 문헌에는 '상(裳)·군(裙)'으로 표기되어 있었고 조선 시대 세종 때는 저고리[赤古里]와 함께 '쳐마'로 기록되어 있고, 중종 때의 《훈몽자회》에는 '쥬마 상(裳)'으로, 초간(初刊) 《내훈(內訓)》에는 '치마'로 기록되어 있다.

칼   길이에 따라 단도와 장도로 크게 나눌 수 있고 용도에 따라 생활용과 무기용의 칼로 나눈다. 칼은 인류의 지혜가 발달하면서 만들어지기 시작하였으니, 원시 시대에는 돌이나 뼈를 갈아 칼을 만들었고 차츰 쇠붙이를 이용하게 되면서 처음에는 동검(銅劍)이, 다음에는 철검(鐵劍)이 만들어졌다.

키   곡물이나 그 밖의 물건을 담고 까불러서 쭉정이나 검부러기 등의 불순물을 제거하는 데에 쓰는 기구다. 앞은 넓고 편평하고 뒤는 좁고 우긋하게 고리버들이나 대쪽 같은 것으로 엮어 만들어 곡식을 담고 까부르면 가벼운 것은 날아가거나 앞에 남고, 무거운 것은 뒤로 모여 구분할 수 있게 했다.

태권도   우리나라에서 독자적으로 창시된 고유의 전통 무술로 이제는 세계화된 국제 공인 스포츠로서 전 세계에서 보급되어 있다. 연원은 고대 부족국가의 제천 행사 때 행해졌던 체육 활동으로 거슬러 올라가며, 이것이 우리 고유의 무예로 발달하게 되었다. 이러한 역사적 배경을 바탕으로 수박(手搏), 수박희(手搏戲), 택견 등의 전통 무술이 형성되었고, 태권도는 이것들을 계승 발전시켜 현대에 탄생한 것이다.

태극   만물이 생성 전개되는 근원과 음양의 이기(二氣)가 태극의 일원(一元)에서 생성했다고 하는 중국 고대 사상으로, 태극이라는 용어는 《주역》의 〈계사전(繫辭傳)〉에서 처음 등장하였다. 중국 고대의 전통 사상에서는 만물이 생성 전개하는 근원을 일원으로 보고, 이것을 태일(太一), 대일(大一), 태극(太極) 등으로 일컬었으며, 이 일원에서 이기·오행·만물이 화생(化生)한다고 설명하였다.

팔만대장경   팔만대장경 조판이라는 이 거대한 역사(役事)는 불교를 융성시키자는 목적도 있었지만 문화국으로서의 위력을 이웃 나라에 선양하고 불력으로 국난을 타개해서 호국하려는 바람에서 이룩된 것이다. 대장경의 조판은 고려가 가장 어려웠던 국난의 시기에 조조(雕造)된 초판부터 헤아려 실로 240년이라는 장구한 시일을 통하여 이룩한 거국적인 대사업으로 대장경의 인쇄를 둘러싸고 경쟁하였던 송·거란에 대해 문화국으로서의 위신을 높였을 뿐만 아니라 인쇄술과 출판술의 발전에도 크게 공헌하였다.

풍경   사찰 누각이나 불탑의 처마 끝에 다는 작은 종으로, 추에는 물고기 모양의 쇳조각을 달아 바람이 부는 대로 흔들리며 쓸쓸하고도 맑은 소리를 낸다. 옛날 중국에서 전래한 것으로 우리 조상들도 시원한 대청마루에 앉아 한가로이 풍경 소리를 들으며 시정을 돋구었다.

한글   세종대왕이 창제한 훈민정음 28자는 언문, 언서, 반절, 암클, 아햇글, 가갸글, 국서, 국문, 조선글 등의 명칭으로 불렸다. 특히 언문이란 명칭은 세종 당대부터 널리 쓰였는데, 한글이라는 이름이 일반화하기 전까지는 그 이름이 쓰였다. 그러다가 근대화 과정에서 민족의식의 각성과 더불어 국문이라고 주로 부르다가 한글이란 이름으로 통일되었는데, 이 이름은 주시경 선생에 의해서 비롯되었다고 한다.

한약   중국 한(漢)나라 때 체계를 잡고 발달한 한방 의학에서 쓰이는 의약품의 총칭. 약 4,000년 전부터 중국에서 쓰인 것으로 전해지는데 우리나라에는 신라 초기에 수입된 것이 기록에 있다. 이는 동물, 식물, 광물 등 자연계의 여러 물질에 걸쳐 가려 쓰이고 있으나 그 대부분이 식물성이다. 거의 생약 그대로를 한방적 이론에 입각하여 처방하여 사용한다. 한방 의학은 동양철학적인 방법에 근거를 두고 종합적인 생명 현상의 동적(動的)인 관찰에 치중함으로써 내적 생명력을 근본적으로 배양하고 건강을 증진하는 데 그 특징이 있다. 이에 반하여 서양의학은 자연과학에 그 기초를 두어 분석적인데다가 세포조직을 통한 정적(靜的)인 관찰에 치중하여 생명을 위협하는 외래적인 침해 요소를 방어하고 제거하는 데 특징이 있다.

항아리   옛날부터 넓은 지역에 걸쳐 써왔으나 토기 발명 이후 최초로 만들어진 것은 아래보다 위가 약간 벌어진 주발 모양이었으며, 항아리가 만들어진 것은 그보다 뒤의 시대에서였다. 인류가 정착하여 농사를 짓기 시작한 신석기 시대에 이르러 질그릇 항아리가 만들어졌으며 역사 시대를 거쳐 오늘에 이르기까지 이어져 오고 있다.

호랑이   고양잇과 동물 중에서 가장 큰 동물로서 시베리아에서 태어난 수범은 보통 길이가 3미터 이상이고 무게는 300킬로그램이 넘는다. 원래 시베리아 동쪽, 만주, 한국 동북쪽에 살고 있었는데, 약 1만 년 전쯤에 히말라야산맥을 넘어 인도, 말레이반도 등지의 더운 지방으로 퍼져나갔다. 열대지방 쪽으로 갈수록 호랑이의 몸집은 조금씩 작아진다. 한국 호랑이의 특징을 보면, 등은 짙은 적황색이나 다리 쪽은 색깔이 밝다. 등에 있는 검은 줄무늬가 앞다리와 앞면에는 적다. 배와 다리 안쪽의 털은 흰색이며 꼬리 부분에는 8, 9개의 둥근 무늬가 있고, 꼬리

끝부분의 두 개는 특히 더 검다. 한국인에게 호랑이는 백수(百獸)의 왕으로서 영수 또는 신수로 불리며 무수한 설화와 민화의 주인공으로 등장해왔다. 설화와 민화 속의 호랑이는 의리가 깊고 친근감 있는 표정으로 실제의 호랑이와는 전혀 다른 모습으로 표현되어 있다. 따라서 호랑이는 한국인의 심성에 가장 잘 부합하는 신성한 동물로서 숭배받아왔음을 알 수 있다.

화로   그릇에 불을 담아서 음식을 데우거나 집 안을 밝히는 용도로 쓰이기도 했으나 주로 실온을 유지하고 불씨는 간직하는 데 사용되었다. 우리의 옛 생활에서 화로는 방 안에서 아주 핵심적 존재로 여겨졌고 향촌에서 무엇보다 요긴하고 사랑받던 존재였다. 부엌에서부터 마루, 안방, 건넛방, 사랑방 혹은 대문간, 안팎의 마당에 이르기까지 장소에 구애받지 않고 어느 곳에서나 두루 쓰였다. 촌가(村家)에서는 주로 질화로나 무쇠화로를 사용했으며 특히 질화로가 가장 널리 애용되었다. 좀 더 고급스러운 것으로는 놋화로와 돌화로가 있었지만 이들은 대개 상류층 집안에서 사용되었다. 돌화로는 그 자체가 장시간 보온에 유리한 특성이 있고 또 그 형태의 공예적 아름다움을 보여준다.

사진출처

국립경주박물관	192쪽 성덕대왕신종
국립고궁박물관	120쪽 난석도 병풍
서울공예박물관	19쪽 갓, 35쪽 나전 칠 장생무늬 함
	127쪽 자수보자기, 176쪽 삼층장
국립민속박물관	31쪽 골무, 32쪽 나전장, 47쪽 다듬이, 67쪽 뒤주, 83쪽 맷돌
	107쪽 바지, 143쪽 12각반, 164쪽 엽전, 169쪽 윷판
	179쪽 삼층장, 184쪽 장승, 220·223쪽 키
	224쪽 양주별산대탈(노장), 235쪽 연적, 260쪽 화로
국립중앙박물관	44쪽 다듬이, 87쪽 승마토우, 123쪽 병풍
세종대왕기념사업회	244쪽 훈민정음 언해본 복원 목판
김동오	131쪽 부채, 203쪽 창호지
김희수	77·79쪽 매듭
민희기	84쪽 무덤, 132쪽 붓, 216쪽 칼
박시홍	124쪽 보자기, 212쪽 치마
박찬우	24쪽 고봉, 36·39쪽 낫과 호미, 68쪽 떡, 100·103쪽 바구니
	140쪽 상, 148·151쪽 수저, 180쪽 장독대
	187쪽 장승, 204쪽 처마
어상선	16쪽 갓, 76쪽 매듭, 112쪽 버선, 136쪽 장구
	144쪽 서까래, 252쪽 항아리
이경옥	168쪽 윷
이동춘	52쪽 담, 172쪽 방석, 175쪽 이불과 베게, 200쪽 창호지, 263쪽 화로
이우경	48·51쪽 달걀꾸러미, 71쪽 떡살, 147쪽 서까래
이정웅	135쪽 붓
전재호	236쪽 팔만대장경
최수연	40쪽 논길

책을 만드는 데 도움 주신 분들

강순형, 구본창, 궁중유물전시관, 김대벽, 김동희, 김병수, 사물놀이 한울림, 성낙윤, 성제한의원, 신특수, 안종칠, 오상조, 온양민속박물관, 윤열수, 이영학, 이냉희한국의상, 임퐁기, 찡병규, 지회지(한국진통음식겸), 짚풀생활사박물관, 한국민속촌, 한정혜요리학원, 한풀선사(삼성궁), 호암미술관